論語入門

井波律子
Ritsuko Inami

岩波新書
1366

序

本書は、つごう五百有余条の『論語』から、百四十六条を選びだし、各条を「孔子の人となり」「考えかたの原点」「弟子たちとの交わり」「孔子の素顔」の四章に分類・収録するという構成をとっている。『論語』にみえる孔子自身の発言を中心に、おりにつけ弟子たちの発言をまじえながら、孔子の生きかた、考えかた、弟子たちとの関わりかた、潑溂とした感情表現等々を、具体的にたどることによって、孔子という人物の大いなるイメージを浮き彫りにしようとする、一つの試みである。この試みによって、孔子を中核とする大古典『論語』の無類の面白さ、稀有の魅力を、いささかなりとも、いきいきとした形で「今、ここに」とらえかえすことができれば、これにまさる喜びはない。

『論語』の中核をなすのは、孔子の対話の記録である。とはいえ、対話の相手が明記される場合もあれば、単に「子《し》曰《いわ》く」という形で記され、相手が明記されない場合も多々ある。しかし、明記されない場合も、誰かに対して語った言葉であることはいうまでもない。対話の相手のほとんどは弟子たちだが、ときには、孔子の故国魯《ろ》をはじめとする諸国の君主や重臣などが登場することもある。

いずれにせよ、『論語』が孔子の著書ではなく、主として顔回《がんかい》、子貢《しこう》、子路《しろ》をはじめとする、ユニークで優秀な弟子たちと向き合い、語り合った対話の記録であるということは、この書物の他に類を見ない魅力の源泉となっている。その対話を味読しているうち、今を去ること約二千五百年、はるかな時を超えて、孔子や弟子たちの声や身ぶりまでもが、臨場感をもって立ち上がってくるさまは、圧巻というほかない。

この稀有の対話記録がいつどのような人々によって編纂されたかについては、詳しいことはわからない。しかし、じかに孔子の謦咳《けいがい》に接した弟子たちが、記憶に刻みつけ、何らかの形で記録した問答や言葉を、孔子の没後、直弟子や孫弟子が収集・整理し、編纂したことはまずまちがいない。ちなみに、江戸時代の儒学者伊藤仁斎《いとうじんさい》の説によれば、『論語』二十篇のうち、前半十篇(上篇)がまず整理・編纂され、後半十篇(下篇)がのちに付加されたという。この仁斎説には、前半十篇の表現が総じて、孔子の生気あふれる言葉づかいを、簡潔かつストレートに伝えている感があるのに比べ、後半十篇の表現には理に落ち、やや精彩を欠くものがあることを考えあわせると、まことに鋭いものがあると思われる。そんなこともあって、本書に収めた言葉も、前半十篇から選んだものがおのずと多くなっていることを、ここに付記しておきたい。

なお、『論語』各篇のタイトルは以下のとおりである。これらは、いずれもその篇の冒頭の条（各篇に収められた文章の単位には「章」を用いるのが慣例だが、本書の章立てとの混同を避けるため、本書では便宜的に「条」を用いた）から、二字ないし三字をとって篇名としたものにほかならない。

（上篇）学而《がくじ》第一、為政《いせい》第二、八佾《はちいつ》第三、里仁《りじん》第四、公冶長《こうやちょう》第五、雍也《ようや》第六、述而《じゅつじ》第七、
泰伯《たいはく》第八、子罕《しかん》第九、郷党《きょうとう》第十

（下篇）先進《せんしん》第十一、顔淵《がんえん》第十二、子路《しろ》第十三、憲問《けんもん》第十四、衛霊公《えいれいこう》第十五、季氏《きし》第十六、
陽貨《ようか》第十七、微子《びし》第十八、子張《しちょう》第十九、堯曰《ぎょうえつ》第二十

『論語』は中国でもっとも広くかつ長く読まれてきた書物である。紀元前二世紀、前漢《ぜんかん》の武《ぶ》帝が儒家《じゅか》思想を国家の指導原理、正統思想とし、孔子が編纂したとされる五経《ごきょう》、すなわち易《えき》、書《しょ》、詩《し》、礼《れい》、春秋《しゅんじゅう》の五つの経典と合わせて、『論語』を知識人士大夫《したいふ》の必読書と定めて以来、約二千年にわたって、これらの書物は連綿と読まれてきた。とりわけ、『論語』は五経に比べれば、格段に読みやすいこともあって、時の経過とともに、知識人士大夫のみならず、庶民階層にも浸透し、読書人口は増加の一途をたどった。

さらにまた、南宋《なんそう》の朱子《しゅし》に至り、『大学《だいがく》』『中庸《ちゅうよう》』『論語』『孟子《もうし》』を四書《ししょ》と称し、孔子の思想のポイントを示すものとして、五経以上に重視するようになると、『論語』はとりわけ普遍的

な必読書となり、子どもから大人まで読まない者はないという状態になった。

一方、日本では、『古事記《こじき》』や『日本書紀《にほんしょき》』によれば、『論語』は応神《おうじん》天皇の時代に、百済《くだら》から渡来した王仁《わに》によってもたらされたという。これは伝説としても、おそらく六世紀初頭には日本に伝来し、以後、千年以上にわたって読み継がれた。江戸時代になると、上層階級のみならず、寺子屋などを通じて庶民階層にも浸透、普及していった。

このように、中国においても日本においても、『論語』はもっとも身近な古典として親しまれてきたが、近代以降、中国でも日本でも、古色蒼然とした堅苦しい聖人孔子の教訓書というイメージが強まり、しだいに敬遠されるようになった。しかし、近年、ことに日本では、混迷を深める時代状況とともに、『論語』がふたたび注目を集めるようになった。これはおそらく、『論語』を通じて、生きるよすがや指針を求めようとする動きだと思われる。しかし、それはやはり『論語』を教訓書としてのみとらえる読みかたにほかならず、それでは、せっかく無類の面白さにあふれるこの書物の魅力をとらえそこなってしまう。『論語』がいずこにおいても色あせない大古典として、長らく読み継がれてきたのは、単に教訓を記した無味乾燥な書物ではなく、読む者の心を揺り動かす迫力と面白さに富むためだと思われる。『論語』の魅力、面白さは、その中心をなす孔子という人物の面白さ、魅力に由来する。

孔子の生の軌跡については本書第一章をはじめ随所で、孔子自身の発言に即しつつふれたので、詳しくはそちらを参照されたいが、ここでその概略を簡単にまとめて紹介しておきたい。孔子（本名は丘《きゅう》、あざな仲尼《ちゅうじ》）は、周《しゅう》王朝が弱体化し、各地に依拠する諸侯が入り乱れて覇権を争う春秋《しゅんじゅう》時代（前七七〇―前四〇三）の後半、小国魯《ろ》（山東省）に生まれた。孔子の生年に関しては諸説あるが、本書では司馬遷《しばせん》の『史記《しき》』孔子世家《せいか》により、紀元前五五一年説をとった。没年は紀元前四七九年、ときに七十三歳。

孔子の父は叔梁紇《しゅくりょうこつ》（または叔紇《しゅくこつ》。本姓は孔）という士（武人）であるが、母の顔《がん》氏は正妻ではなかったようだ。孔子はこの武人の父から、ずばぬけて強健な身体を受け継ぎ、身長は九尺六寸（漢代の尺度。約二メートル二〇センチ）、「長人《ちょうじん》」と称されたという。まさに威風堂々、ひよわな知識人とはおよそ似ても似つかぬ風格の持ち主だったのである。

父の叔梁紇は孔子が生まれてまもなく死去し、母の顔氏に育てられたが、やがてその母とも死別したらしい。孤児として貧窮のなかで成長した孔子は、あらゆる機会を求めて礼法などを学び、文化的教養を積み重ねた。その一方、生計を立てるために魯の貴族に仕え、倉庫の管理や家畜の世話をした時期もあった。苦労のかいあって、三十歳のころには学問の基礎ができあがり、すぐれた学者として社会的に認められるようになり、弟子入りする者もふえた。このころ、周王朝の基礎を築き、魯の始祖でもあった周公旦《しゅうこうたん》を手本とし、仁愛と礼法を中心とした節度ある社会の到来をめざす、孔子の儒家思想の骨格もできあがったとおぼしい。

孔子はみずからの理想を実践に移すべく、政治参加を志すがその機会はなかなか訪れなかった。春秋時代後半は下剋上《げこくじょう》の嵐に見舞われた季節であり、孔子の故国魯もご多分にもれず、政治の実権は三大貴族(三桓《さんかん》。魯の桓公の子孫である季孫《きそん》氏、孟孫《もうそん》氏、叔孫《しゅくそん》氏)が握るなど、混乱の極みにあった。そうしたなかで紀元前五一七年、孔子が三十五歳のとき、三大貴族の専横に憤慨した魯の昭《しょう》公が彼らを抑え込もうとして失敗、斉《せい》に亡命する事件が起こる。昭公の方針に共鳴した孔子も後を追って斉におもむくが、はかばかしい事態の進展はなく、正確な時期は特定できないが、やがて魯に帰国する。帰国後、孔子のもとに多くの弟子が集まり、最終的にはつごう三千人の弟子を擁したとされる、孔子儒家集団の基礎が形づくられてゆく。

かくして長い歳月が流れ、孔子が念願の政治参加を果たし、下剋上に揺れる魯の政治改革に着手しうる地位についたのは、紀元前四九九年、五十三歳のときだった。当時の君主、定《てい》公に抜擢され、大臣のポストの一つ、大司寇《だいしこう》(司法長官)に就任したのである。孔子はさっそく三大貴族の勢力を削ぐために活動を開始するが、猛反発をくらってあえなく失敗、失脚のやむなきに至る。

この後まもなく紀元前四九七年、孔子は大勢の弟子たちを引き連れて魯を離れ、みずからの政治理想を受け入れてくれる君主を求めて、諸国をめぐる遊説の旅に出た。ときに五十五歳。

しかし、弱肉強食の乱世のさなか、孔子の理想主義を受け入れてくれる君主など存在しなかった。かてて加えて、足かけ十四年にわたった旅の途中、三度も襲撃され生命の危機に瀕したこともあった。そんな孔子の姿を「喪家《そうか》の狗《いぬ》（喪中の家の犬。あるいは家を失った犬）」に喩える者もあったという。しかし、孔子自身はまったく意気阻喪することなく、理想社会の到来を期して弟子たちを励まし、不屈の精神力を以て長い旅を継続した。恐るべき強靭さというほかない。

紀元前四八四年、六十八歳のとき、孔子はようやく長旅に終止符を打って魯に帰国し、五年後、七十三歳で死去するまで、弟子の教育と『詩経《しきょう》』をはじめとする古典の編纂に専念する日々を送ったのだった。

こうしてたどってみると、孔子の生涯は不遇の連続というほかない。しかし思うに、長かった遊説の旅も、孔子は当時、名高い思想家であり、訪れた先の国々で君主や重臣と会談し、ときには長期滞在するなど、賓客としての待遇を受けており、いわゆる放浪の旅とは異なるものであった。この間、孔子自身はどの国の政治にも実際には関与しなかったが、旅の終わり近く子路を衛《えい》の国で出仕させたように、弟子たちを次々に就職させた。さらにまた、孔子と主要な弟子たちが諸国行脚を続行していた期間においても、魯の孔子儒家集団は、残った弟子たちにより拠点として維持され、孔子の帰国を待っていたとおぼしい。これらの点を考えあわせると、孔子を単に不遇な放浪の思想家というロマンティックな観点からのみ、とらえることはできないと思われる。

いずれにせよ、本質的に孔子は身も心も健やかにして明朗闊達、躍動的な精神の持ち主であった。いかなる不遇のどん底にあってもユーモア感覚たっぷり、学問や音楽を心から愛し、日常生活においても美意識を発揮するなど、生きることを楽しむ人だったのである。『論語』をじっくり読み、こうした孔子の稀有の魅力を感じとるとき、誰しも元気がわいてくるに相違ない。

また『論語』には、さまざまな苦難を乗り越えてきた大いなる孔子と、彼を敬愛する弟子たちとの関係性が、鮮やかに映しだされている。孔子は偉大な師ではあるが、まったく偉ぶることなく、あるがままに弟子たちと向き合い、弟子たちも孔子を深く敬愛しながらも、けっして崇めたてまつることなく、わからないことがあれば、「何の謂《いい》ぞや(どういう意味ですか)」と、率直に質問を投げかけた。純な熱血漢の子路などは、ときには気色ばんで、孔子に食ってかかることさえあった。まさに羨むべき師弟関係である。時を超えて人の心を揺さぶる孔子の言葉を反芻しながら、弟子たちとのいきいきしたやりとりを楽しむことは、『論語』を読む大きな喜びだといえよう。

『論語』には数えきれないほどの注釈書や解説書があるが、そのもとになるのは、いわゆる「古注《こちゅう》」と「新注《しんちゅう》」である。古注とは、魏《ぎ》の何晏《かあん》(一九〇ごろ—二四九)がそれまでの注釈を整理し編纂した『論語集解《ろんごしっかい》』を指し、新注とは、南宋の朱子(一一三〇—一二〇〇)の著した注釈を指す。また、日本におけるすぐれた注釈書としては、江戸時代、伊藤仁斎(一六二七—一七〇五)の著した『論語古義《ろんごこぎ》』、荻生徂徠《おぎゅうそらい》(一六六六—一七二八)の著した『論語徴《ろんごちょう》』があげられる。

本書に収録した『論語』の原文はおおむね、諸書を照合して定められた吉川幸次郎著『論語』(朝日新聞社)により、訓読や翻訳についても多大の教示を得た。また、多くの関連書のうち、とりわけ貝塚茂樹著『世界の名著3　孔子・孟子』(中央公論社)に収録された『論語』、桑原武夫著『論語』(ちくま文庫)から、多くの恩恵を被った。

本書でとりあげた『論語』の条文については、まず、原文、訓読、現代語訳のあと、それぞれの言葉や文章を、臨場感ゆたかに読みとるための手がかりになることを念じながら、多様な角度から解説をつけた。

なお、本書の巻末に、「主要語句索引」「人名索引」「孔子年表」「関連地図」を付した。おりにつけ、参照していただければ幸いである。

本書を一読していただければ明らかなように、『論語』はいろいろな読みかたのできる書物である。本書を道案内に、ときには声を出して『論語』の言葉を読みながら、それぞれの流儀で、『論語』世界をたっぷり楽しんでいただきたいと思う。

井波律子

目次

第一章　孔子の人となり

孔子(『歴代古人像賛』)

1　みずから語る生の軌跡

吾れ十有五にして……

孔子は曲折に富む生涯を送った。『論語』におけるその発言から、生の軌跡をたどる。

子曰、吾十有五而志于學。三十而立。四十而不惑。五十而知天命。六十而耳順。七十而從心所欲、不踰矩。

子《し》曰《いわ》く、吾《わ》れ十有五《じゅうゆうご》にして学《がく》に志《こころざ》す。三十《さんじゅう》にして立《た》つ。四十《しじゅう》にして惑《まど》わず。五十《ごじゅう》にして天命《てんめい》を知《し》る。六十《ろくじゅう》にして耳順《みみしたが》う。七十《しちじゅう》にして心《こころ》の欲《ほっ》する所《ところ》に従《したが》って、矩《のり》を踰《こ》えず。

（為政第二）

先生は言われた。「私は十五歳になったとき、学問をしようと決心し、三十歳になったとき、学問的に自立した。四十歳になると、自信ができて迷わなくなり、五十歳になると、天が自分に与えた使命をさとった。六十歳になると、自分と異なる意見を聞いても反発しなくなり、七十歳になると、欲望のままに行動しても、人としての規範をはずれることはなくなった」。

孔子が晩年、みずからの生涯を段階的にたどった自叙伝である。ここには簡潔ながら孔子の生の軌跡が鮮明に刻み込まれている。これをもとに後世、十五歳を「志学《しがく》」、三十歳を「而立《じりつ》」、四十歳を「不惑《ふわく》」、五十歳を「知命《ちめい》」、六十歳を「耳順《じじゅん》」というようになる。

孔子（本名は丘《きゅう》、あざな仲尼《ちゅうじ》）は春秋《しゅんじゅう》時代の魯《ろ》の国に生まれた。生年については諸説あるが、ここでは司馬遷《しばせん》の『史記《しき》』孔子世家《せいか》により紀元前五五一年説をとる。父は叔梁紇《しゅくりょうこつ》（または叔紇《しゅくこつ》。本姓は孔）という士（武人）だが、母の顔《がん》氏は正妻ではなかったようだ。生後まもなく父が死去、孔子は顔氏に育てられた。貧窮にめげず聡明で意欲的な少年に成長した彼は、十五歳のとき、学問で身を立てようと決意する。なお、当時の学問は礼法など広い知識を実践的に習得するものだった。

三十代に入ったころ、学問の基礎ができあがり、社会的にも深い学識の持ち主だと認められて、弟子入りする者もふえた。四十代から五十代にかけ、みずからの学問に自信をもった孔子は、それが天から与えられた使命だと思い決し、下剋上《げこくじょう》に揺れる故国魯の政治体制改革をめざして出仕する。やがて念願かない、魯の君主定《てい》公に抜擢されて大司寇《だいしこう》（司法長官）となり、魯の実権をにぎる三大貴族（三桓《さんかん》。魯の桓公の子孫である季孫《きそん》氏、孟孫《もうそん》氏、叔孫《しゅくそん》氏を指す）の勢力弱体化に取り組んだものの、あえなく失敗、紀元前四九七年、五十五歳のとき魯を去った。その後、足かけ十四年にわたり大勢の弟子を連れて、「仁（思いやり）」と「礼（道徳慣習）」を根本とする節度ある社会の到来を説く、みずからの政治理念を理解してくれる君主を求めて諸国を遊説した。しかし、願いかなわず、前四八四年、六十八歳で魯に帰国、弟子の教育と古典の整理に専念し、前四七九年、七十三歳で生涯を終えた。意欲的な少年時代、積極果敢な青壮年時代から、受容の精神に浸された晩年へ。この簡潔な自伝は孔子の軌跡をみごとに浮き彫りにしている。

貧しかった少年時代

貧しい少年時代を過ごしたことにより、多くのことを学び体得する。

大宰問於子貢曰、夫子聖者與。何其多能也。子貢曰、固天縦之将聖。又多能也。子聞之曰、大宰知我乎。吾少也賤。故多能鄙事。君子多乎哉。不多也。

大宰《たいさい》　子貢《しこう》に問《と》いて曰《いわ》く、夫子《ふうし》は聖者《せいじゃ》か。何《なん》ぞ其《そ》れ多能《たのう》なるや。子貢《しこう》曰《いわ》く、固《もと》より天之《こ》れを縦《ほしい》ままにして将《まさ》に聖《せい》ならしめんとす。又《ま》た多能也《たのうなり》。子《し》　之《こ》れを聞《き》きて曰《いわ》く、大宰《たいさい》は我《わ》れを知《し》れるか。吾《わ》れ少《わか》くして賤《いや》し。故《ゆえ》に鄙事《ひじ》に多能《たのう》なり。君子《くんし》は多《た》ならんや。多《た》ならざる也《なり》。

（子罕第九）

大宰《たいさい》（呉の大臣）が子貢《しこう》にたずねて言った。「あなたの先生は聖人なのでしょうね。それにしては、なんとまあいろいろな才能をもっておられることか」。子貢は言った。「もともと天が先生を自由自在に行動させて聖人にしようとしているのです。それでまたいろいろな才能をおもちなのです」。先生はこの話を聞いて言われた。「大臣は私のことをよくご存じだね。私は若いとき貧しく身分が低かった。だから、つまらない仕事がいろいろできるのだ。しかし、君子は多芸であってよかろうか。いや、多芸であってはならないのだよ」。

大宰《たいさい》は大臣。ここでは当時、呉《ご》王夫差《ふさ》の腹心だった呉の大臣、大宰嚭《たいさいひ》を指すという。ちなみに、大宰嚭は呉王夫差のライバル越《えつ》王句践《こうせん》から賄賂をとるなど、強欲な政治家だった。大宰嚭の質問に答えた子貢《しこう》は姓を端木《たんぼく》、本名を賜《し》といい（子貢はあざな）、孔子の高弟である。孔子より三十一歳若く、きわめて聡明で言語すなわち弁論にすぐれ、外交官として活躍した。彼は前四八八年と前四八三年の二度にわたり、魯《ろ》の代表として大宰嚭に会い外交交渉をしており、この話はこのいずれかの機会になされたもの。

孔子はほんとうに聖人なのか、それにしては多芸すぎるという、やや嫌味な大宰嚭の質問に対し、子貢は、孔子は天が自在にその才能を伸ばさせ聖人にしようとしているから、なんでもできるのだと答える。聡明な子貢にしては、今一つ迫力に欠ける答えである。

このやりとりを伝え聞いた孔子は、彼が多芸多能になった経緯をずばりと述べ、自分は貧しかったから必然的にそうなったけれども、本来、君子（身分のあるりっぱな人物）たるものは多芸多能であってはならないと断言する。なんともすっきりとした態度であり、大宰嚭の嫌味などたちまち吹き飛ばす颯爽感がある。なお、孔子は「吾《わ》れ試《もち》いられず、故《ゆえ》に芸《げい》なり（私はなかなか世の中でもちいられず、それで多芸になったのだ）」（子罕《しかん》第九）とも述べている。

貧窮のなかで成長した孔子がさまざまな職につき、苦労しながら学問を習得していったことをおのずとものがたる言葉だが、孔子はこうした生い立ちや苦労を何の引け目もなく、堂々と語っているのが、感動的である。

子曰、君子不器。

子《し》曰《いわ》く、君子《くんし》は器《うつわ》ならず。（為政第二）

先生は言われた。「君子は用途のきまった器物であってはならない」。

君子が専門化、分化、特化することをまっこうから否定する発言。ここに浮かびあがるのは、広い視野をもつ悠揚迫らぬ大人物のイメージである。君子とは本来、上層階級に属し、美的かつ倫理的な修練を積んだ人物を指すと思われるが、孔子の描く君子像は階層を超え、より広がりをもつ。

孔子は前条で述べたとおり、若いころは学問に励む一方、さまざまな仕事について生計を立てた。だから、彼自身は多くの技能を身につけていた。そうした経験を踏まえつつ、君子は専門化された器であってはならず、器用に何でもこなすのは望ましくないというのだ。経験の深い襞《ひだ》を織り込んだ、含蓄に富む言葉である。

子入大廟、毎事問。或曰、孰謂鄹人之子知禮乎。入大廟、毎事問。子聞之曰、是禮也。

子《し》 大廟《たいびょう》に入《い》りて、事《こと》ごとに問《と》う。或《ある》ひと曰《いわ》く、孰《たれ》か鄹人《すうひと》の子《こ》を礼《れい》を知《し》ると謂《い》うか。大《たい》廟《びょう》に入《い》りて、事《こと》ごとに問《と》う。子《し》 之《こ》れを聞《き》きて曰《いわ》く、是《こ》れ礼也《れいなり》。（八佾第三）

先生は大廟《たいびょう》にお参りされたとき、一つ一つ係の者にたずねながら振る舞われた。ある人が言った。「いったい誰があの鄹《すう》にいた男の息子を礼に詳しいなどと言うのか。大廟に参って、いちいち質問したというではないか」。先生はこのことを伝え聞いて言われた。「そうすることが礼なのだ」。

大廟《たいびょう》とは、その国の初代君主を祭った廟であり、ここでは魯の始祖、周公旦《しゅうこうたん》を祭った廟を指す。ちなみに、周公旦は周王朝を立てた武《ぶ》王の弟であり、武王の死後、後継の座についた武王の息子成《せい》王を輔佐して礼や制度を定め、周王朝の基礎を築いた。魯は周公旦の封地であり、孔子は、魯と深いゆかりのあるこの周公旦を理想とし、憧憬しつづけた（一八六頁）。

孔子が大廟に参詣したのは、おそらく紀元前四九九年、大臣のポストの一つ、大司寇《だいしこう》（司法長官）に就任したころであろう。優秀な礼法学者として抜擢された孔子を快く思わない者が、大廟に入った孔子が、係の者にいちいち参拝の手順を質問したと知るや、鬼の首でもとったように、礼法に詳しいなんて嘘っぱちだと痛烈に批判した。

ここで、この批判者が孔子を「鄹人《すうひと》の子《こ》」と呼んだのは、孔子の父叔梁紇《しゅくりょうこつ》がこの土地を拠点としたことに由来する。鄹は辺鄙な片田舎だったとおぼしく、「鄹人の子」という表現には、父の叔梁紇およびその庶子である孔子に対する、底意地のわるい侮蔑がこめられている。

この侮蔑的な発言を伝え聞いた孔子は慌てず騒がず、参拝の手順を係に聞くことこそ、そうした場合の礼なのだと、あっさりと、しかし核心をつく反論を述べる。これは、当時、魯の政治変革をめざした孔子が、いかに旧態依然とした上層階級の根深い反感にさらされていたかを、如実にものがたる話だといえよう。さらにまた、反感や嫉視《しっし》をものともしない孔子の姿には、尋常ならざる弾力性に富む強靭さが認められる。

家族を語る

家や家族を重視し、娘、息子、姪などの若い世代を見守り育《はぐく》む。

子謂公冶長、可妻也。雖在縲絏之中、非其罪也。以其子妻之。

子《し》　公冶長《こうやちょう》を謂《い》わく、妻《め》あわす可《べ》き也《なり》。縲絏《るいせつ》の中《うち》に在《あ》りと雖《いえど》も、其《そ》の罪《つみ》に非《あら》ざる也《なり》と。
其《そ》の子《こ》を以《もっ》て之《こ》れに妻《め》あわす。

（公冶長第五）

先生は公治長《こうやちょう》を評された。「娘を嫁にやってもいい男だ。罪人として縄で縛られ投獄されたことがあったが、無実の罪だった」。かくて自分の娘を彼のもとに嫁がせた。

公治長《こうやちょう》は孔子の弟子だが、この条以外、『論語』にも『史記』にも登場せず、詳しいことはわからない。ただ、彼が投獄されたいきさつについては、面白い説がある。鳥の言葉がわかる彼は、鳥のさえずりから殺された幼児の死体のありかを知った。このため殺人犯として逮捕されたが、やがて疑いが晴れ釈放されたというものである（皇侃《おうがん》著『論語義疏《ろんごぎそ》』）。孔子はこの変わった能力と経験をもつ公治長を見込んで、娘の配偶者に選んだ。なんとも大胆な選択だが、孔子は牢獄から生還した公治長に、絶体絶命の窮地を乗り越える力があると確信し、娘を委ねたのかも知れない。

子謂南容、邦有道、不廢。邦無道、免於刑戮。以其兄之子妻之。

子《し》　南容《なんよう》を謂《い》わく、邦《くに》に道有《みちあ》れば、廃《す》てられず。邦《くに》に道無《みちな》ければ、刑戮《けいりく》より免《まぬか》れんと。其《そ》の兄《あに》の子《こ》を以《もっ》て之《こ》れに妻《め》あわす。

（公治長第五）

先生は南容《なんよう》を評された。「国家に道理があるときは、無視されることなく、国家に道理がなくなったときも、刑罰や殺戮の禍にあうことはない」。そこで、兄の娘を彼のもとに嫁がせた。

娘につづき、姪の配偶者を選んだ話である。南容《なんよう》は孔子の弟子で、魯の三大貴族（三桓《さんかん》）の一つ孟孫《もうそん》氏の一族、南宮縚《なんきゅうとう》あざな子容《しよう》を指すという。孔子はこの南容を、国が平穏なときはそれなりに処遇され、乱れたときも危険な目にあうことのない、安定度の高い人物だと評価し、姪の配偶者に選んだ。前条の公冶長《こうやちょう》に比べ、はるかに無難な選択だが、彼ら二人に共通するのは、危機的状況においても、生きのびる力があるということだろう。乱世の知恵にあふれた婿選びである。

陳亢問於伯魚曰、子亦有異聞乎。對曰、未也。嘗獨立。鯉趨而過庭。曰、學詩乎。對曰、未也。不學詩、無以言。鯉退而學詩。他日又獨立。鯉趨而過庭。曰、學禮乎。對曰、未也。不學禮、無以立。鯉退而學禮。聞斯二者。陳亢退而喜曰、問一得三。聞詩、聞禮、又聞君子之遠其子也。

陳亢《ちんこう》　伯魚《はくぎょ》に問《と》いて曰《いわ》く、子《し》も亦《ま》た異聞《いぶん》有《あ》るか。対《こた》えて曰《いわ》く、未《いま》だし。嘗《かつ》て独《ひと》り立《た》てり。鯉《り》趨《はし》りて庭《にわ》を過《す》ぐ。曰《いわ》く、詩《し》を学《まな》びたるかと。対《こた》えて曰《いわ》く、未《いま》だしと。詩《し》を学《まな》ばずば、以《もっ》て言《い》う無《な》しと。鯉《り》退《しりぞ》いて詩《し》を学《まな》ぶ。他日《たじつ》又《ま》た独《ひと》り立《た》てり。鯉《り》趨《はし》りて庭《にわ》を過《す》ぐ。曰《いわ》く、礼《れい》を学《まな》びたるかと。対《こた》えて曰《いわ》く、未《いま》だしと。礼《れい》を学《まな》ばずば、以《もっ》て立《た》つ無《な》しと。鯉《り》退《しりぞ》いて礼《れい》を学《まな》ぶ。斯《こ》の二《ふた》つの者《もの》を聞《き》けり。陳亢《ちんこう》退《しりぞ》いて喜《よろこ》んで曰《いわ》く、一《いち》を問《と》いて三《さん》を得《え》たり。詩《し》を聞《き》き、礼《れい》を聞《き》き、又《ま》た君子《くんし》の其《そ》の子《こ》を遠《とお》ざくるを聞《き》く也《なり》。

（季氏第十六）

陳亢《ちんこう》が、伯魚《はくぎょ》（孔子の息子、孔鯉《こうり》のあざな）にたずねて言った。「あなたは（お父上から）何か特別なことを聞かれたことがありますか」。答えて言った。「別にありません。ただ、以前、父が一人で部屋のなかに立っていましたとき、私が小走りに庭を通り過ぎようとすると、呼びとめて「詩を学んだか」と言いました。私が「まだです」と答えると、「詩を学ばなければ、ちゃんとものが言えないよ」と言いました。それで私は自室にもどって詩の勉強をしました。また別のある日、父がやはり部屋のなかに立っており、私が小走りに庭を通り過ぎようとすると、呼びとめて「礼を学んだか」と言いました。私が「まだです」と答えると、「礼を学ばなければ、ちゃんとやってゆけないよ」と言いました。それで私は自室にもどって礼の勉強をしました。私が聞いたのはこの二つのことです」。陳亢は家に帰ると喜んで言った。「一つの質問で三つのことを聞くことができた。詩のことを聞き、礼のことを聞き、さらに君子はわが子に距離を置いて教育することを聞いた」。

質問者の陳亢《ちんこう》についてはどんな人物か不明だが、「学而《がくじ》第一」に見える弟子の子禽《しきん》だとする説がある。ともあれ質問をうけた孔子の息子である孔鯉《こうり》あざな伯魚《はくぎょ》が、父孔子からあるとき詩（『詩経』）と礼を学ぶように言われたことを告げると、質問者の陳亢は「一を聞いて三を知った」と大喜びする。

ちなみに、当時は肉親であるがゆえの弊害があるため、君子はわが子を直接、教育しないのが、礼だとされた。これを百も承知でありながら、孔子は日常生活のひとこまのなかで、もっとも大事なことを端的に、実にさりげなく息子に伝え、息子の孔鯉も阿吽《あうん》の呼吸で、それをしっかり受けとめる。圧迫感を感じさせない、まことにみごとな教育である。

この優秀な息子孔鯉は孔子に先立つこと四年、前四八三年に五十歳で死んだ。その二年後、最愛の弟子顔回《がんかい》も他界する。彼らの死は、最晩年の孔子を深く激しく悲しませたのだった。

みごとな自画像

躍動する精神の持ち主がみずから描く鮮やかな自画像である。

葉公問孔子於子路。子路不對。子曰、女奚不曰、其爲人也、發憤忘食、樂以忘憂、不知老之將至云爾。

葉公《しょうこう》　孔子《こうし》を子路《しろ》に問《と》う。子路《しろ》対《こた》えず。子《し》曰《いわ》く、女奚《なんじな》んぞ曰《い》わざる、其《そ》の人《ひと》と為《な》りや、憤《いきどお》りを発《はっ》して食《しょく》を忘《わす》れ、楽《たの》しんで以《もっ》て憂《うれ》いを忘《わす》れ、老《お》いの将《まさ》に至《いた》らんとするを知《し》らざるのみと。

（述而第七）

葉《しょう》公が、孔子はどんな人かと子路《しろ》にたずねたところ、子路は答えなかった。先生は言われた。「おまえ、なぜ言わなかったのか。その人柄は、興奮すると食事も忘れるが、楽しむときは憂いを忘れ、老いが迫るのも気づかない人だと」。

葉《しょう》公は楚《そ》の重臣で、葉（河南省）の地方長官だった沈諸梁《しんしょりょう》を指す。賢明で人望があったという。孔子が葉公と会ったのは、諸国行脚も終わりに近づいた前四八九年、六十三歳ごろだったとされる。

　このとき、孔子のお供をしていた高弟子路《しろ》は、葉公から孔子の人となりをたずねられると、孔子の熱烈な崇拝者であるために、言いたいことがありすぎ、また口下手なせいもあって、その魅力的な人柄をうまく表現できず、黙ってしまう。その話を聞いた孔子は、口ごもった子路の気持ちを充分くみとりながら、鮮やかに言ってのける。どうしておまえは言わなかったのか。その人となりは、さまざまな憂わしいことを思い、気持ちが昂ぶってくると、食事をすることも忘れるが、楽しい気分になると、そんな憂わしいことも忘れてしまい、老いが身に迫ることにも気づかない人だ、と。

　どんな逆境にあっても、躍動感あふれる明朗さを失わず、たくましく生きたみずからの姿をみごとに表現した言葉である。ちなみに、孔子がとりわけ楽しい気分になったのは、美しい音楽を聴いたときや、弟子たちと弾んだ対話を交わしたときだったのではなかろうか。

2　実践としての学び

学問への姿勢

自発的かつ積極的に、広い意味での学問をすることを重んじる。

子曰、十室之邑、必有忠信如丘者焉。不如丘之好學也。

子《し》曰《いわ》く、十室《じゅっしつ》の邑《ゆう》にも、必《かなら》ず忠信《ちゅうしん》丘《きゅう》の如《ごと》き者有《ものあ》らん。丘《きゅう》の学《がく》を好《この》むに如《し》かざる也《なり》。

（公冶長第五）

先生は言われた。「戸数十軒の小さな村にも、きっと私と同様、真心をもった誠実な人はいるであろう。しかし、学問を好むという点では、私におよばないだろう」。

人は単に誠実であるだけでは不充分であり、学問をして知性や感覚を磨き、文化の型を体得してこそ、真に誠実な人間になることができる。しかも、みずから積極的に好んで学問するのでなければ、何も身につかない。十五歳で学に志して以来、孔子は生涯にわたって広い意味での学問を心から愛し、学びつづけた。そんな孔子の強い自負と誇りが伝わってくる発言である。

子曰、我非生而知之者。好古敏以求之者也。

子曰《しいわ》く、我《わ》れは生《う》まれながらにして之《こ》れを知《し》る者《もの》に非《あら》ず。古《いにしえ》を好《この》み敏《びん》にして以《もっ》て之《こ》れを求《もと》むる者也《ものなり》。（述而第七）

先生は言われた。「私は生まれながらにして知識をもっているわけではない。古代の事柄を好み、そのなかから敏感に知識や法則を追究しようとする者だ」。

孔子は、ここでまず自分の知性すなわち知識や知恵は先天的に備わっているものではなく、後天的な学びによって習得されたものだと言う。ついで、自分は過去の事象（歴史、古典）を好み、その錯綜した累積のなかから、鋭敏にポイントをつかむことを追究しつづけてきたのだと、その習得の方法を述べる。

ここでも、前条と同様、「古《いにしえ》を好《この》み」と、学問の道に進み入る初発の動機として、自発的なインタレスト（興味、面白いと思う心の動き）をあげているのが、注目される。孔子は、「之《こ》れを知《し》る者《もの》は之《こ》れを好《この》む者《もの》に如《し》かず。之《こ》れを好《この》む者《もの》は之《こ》れを楽《たの》しむ者《もの》に如《し》かず」（二〇〇頁）とも述べており、好むこと、楽しむことを何よりも重視したのである。また、その好ましい古のことも、一切合財うけいれるのではなく、敏感にポイントを把握して吸収しようとする、みずからの姿勢をはっきり示している。まことに自覚的にして主体的な学びの態度である。

孔子曰、生而知之者、上也。學而知之者、次也。困而學之者、又其次也。困而不學、民斯爲下矣。

孔子《こうし》曰《いわ》く、生《う》まれながらにして之《こ》れを知《し》る者《もの》は、上也《じょうなり》。学《まな》んで之《こ》れを知《し》る者《もの》は、次也《つぎなり》。困《くる》しみて之《こ》れを学《まな》ぶは、又《ま》た其《そ》の次也《つぎなり》。困《くる》しみて而《しか》も学《まな》ばざるは、民《たみ》にして斯《これ》を下《げ》と為《な》す。

（季氏第十六）

孔子は言った。「生まれながらにして知識や知恵が備わっているのは、最上の人間である。学んでこれを身につけるのは、その次の人間である。困難を感じつつ、しいて学ぶのは、またその次である。困難を感じると、しいて学ぼうとしない者は、凡民で下等な人間である」。

学ぶことに対する姿勢によって、人を四つのランクに分けた発言である。前条で孔子は「我《わ》れは生《う》まれながらにして之《こ》れを知《し》る者《もの》に非《あら》ず」と述べており、これによれば、孔子自身はこの第二ランクに属することになる。もっとも、第一ランクの「生《う》まれながらにして之《こ》れを知《し》る者《もの》」というのは、稀有の天才であり、現実にはほとんど存在しないといってよかろう。

第三、第四ランクの者のくだりに見える「困《くる》しみて云々」の「困」については、なんらかの意味で生活上の困難を覚え、その局面を打開するために学ぶこと、あるいは、勉強が嫌いでとりかかるのに困難を覚えつつも、むりやりに学ぶこと、という二つの意味がある。いずれにしても、自発的・積極的ではなく、他動的にいやいや、むりやりにというニュアンスが強い。ここではこの両様の意味をこめて読んでおきたい。

孔子は、よほどの例外を除いて、誰でも積極的に学んだならば、展望が開け、変化・成長できると考えていた。次の条はその一例である。

子曰、性相近也。習相遠也。

子曰《しいわ》く、性《せい》相《あ》い近《ちか》き也《なり》。習《なら》い相《あ》い遠《とお》き也《なり》。

（陽貨第十七）

先生は言われた。「人のもともとの素質にはそれほど個人差はない。ただ後天的な習慣・学習によって距離が生じ遠く離れる」。

人は生のスタートではほとんど変わらないのに、以後の生きかた、学習のしかたによって、大きな差異が生じるというのだ。もともと誰もがひとしく大いなる可能性をもつという、この人間観はまことに健やかである。通説では、こうした孔子の考えかたが体系化され、後世における儒家《じゅか》思想の性善説につながってゆくとされる。

子曰、蓋有不知而作之者。我無是也。多聞擇其善者而從之、多見而識之、知之次也。

子曰《しいわ》く、蓋《けだ》し知《し》らずして之《こ》れを作《つく》る者有《ものあ》らん。我《わ》れは是《こ》れ無《な》き也《なり》。多《おお》く聞《き》き其《そ》の善《よ》き者《もの》を択《えら》びて之《こ》れに従《したが》い、多《おお》く見《み》て之《こ》れを識《しる》すは、知《し》るの次也《つぎなり》。

（述而第七）

先生は言われた。「世のなかには充分な知識がないのに、創作をする者がいるようだ。私は、そんなことはしない。多くのことを聞いて、そのなかからすぐれたものを選んで従い、多くのものを見て、そのなかから選んで記憶する。これは完全な知とはいえないが、それに次ぐやりかただ」。

孔子の知識や法則の把握が、多くの見聞をへてそのポイントをつかむこと、すなわち帰納法によることを示す発言である。先にあげた「我《わ》れは生《う》まれながらにして之《こ》れを知《し》る者《もの》に非《あら》ず。古《いにしえ》を好《この》み敏《びん》にして以《もっ》て之《こ》れを求《もと》むる者也《ものなり》」（一七頁）とも共通するところがある。多くのもののなかから、すぐれたものを識別するためには、できるだけ多くの事例に当たって知的経験を積み、習熟するしかない。こうした意味での知的経験の重視は、以下の条における「学」と「思」の相関関係への論及につながってゆく。

学びと思索

学ぶことと思考することのバランスをとりつつ、持続することの重要性を説く。

子曰、學而不思則罔。思而不學則殆。

子《し》曰《いわ》く、学《まな》んで思《おも》わざれば則《すなわ》ち罔《くら》し。思《おも》うて学《まな》ばざれば則《すなわ》ち殆《あやう》し。

（為政第二）

先生は言われた。「書物や先生から学ぶだけで自分で考えないと、混乱するばかりだ。考えるだけで学ばないと、不安定だ」。

やみくもに読書をしたり、また先生から次々に教えを受けるだけで、自分の頭で考えないと、つめこんだ知識がふえるばかりで「罔《くら》し」、すなわち焦点ぼけしてまとまらず、混乱に陥ってしまう。かといって、ただ思索にふけっているだけで学ばないと「殆《あやう》し」、つまり独善的になって客観的なとらえ方ができなくなり、はなはだ危うく不安定だというのである。学びつつ思索すること、思索しつつ学ぶことのバランスを説くこの発言は、はるか時間を超えて現代にもそのまま通じる知性論、学問論だといえよう。

子曰、吾嘗終日不食、終夜不寢、以思。無益。不如學也。

子《し》曰《いわ》く、吾《わ》れ嘗《かつ》て終日食《しゅうじつく》らわず、終夜寝《しゅうや い》ねず、以《もっ》て思《おも》う。益無《えきな》し。学《まな》ぶに如《し》かざる也《なり》。

（衛霊公第十五）

先生は言われた。「私はかつて一日中、ものも食べず、一晩中、一睡もせず、思索しつづけたことがある。しかし、まったく効果はなく、やはり学ぶことにおよばなかった」。

思索に没頭しつづけたが、何も得るところがなく、学ぶことの大切さを実感した、みずからの経験を述べたもの。前条の「学《まな》んで思《おも》わざれば則《すなわ》ち罔《くら》し。思《おも》うて学《まな》ばざれば則《すなわ》ち殆《あやう》し」は、この経験をふまえて、広く普遍化した発言である。孔子の言葉には、このようにみずからの経験にもとづきつつ、これを普遍化あるいは一般化したものが多い。孔子の言葉が今、ここで発せられたような、いきいきとした輝きと迫力に満ちているのは、おそらくこのためであろう。『論語』の世界には、まさに生身にして等身大の孔子が随所に息づいている。

子曰、默而識之、學而不厭。誨人不倦。何有於我哉。

子《し》曰《いわ》く、默《もく》して之《こ》れを識《しる》し、学《まな》んで厭《いと》わず。人《ひと》に誨《おし》えて倦《う》まず。我《わ》れに於《お》いて何《なに》か有《あ》らんや。

（述而第七）

先生は言われた。「黙ってしっかり記憶し、嫌気をおこさず学問に励み、飽くことなく人に教える。こんなことは私にとって苦にならない」。

あれこれ穿鑿《せんさく》せずに、学びの過程で大事なポイントをしっかり記憶すること、そうした学びの過程は気が遠くなるほど長いけれども、嫌気をおこして途中で投げだすことなく学問に励むこと、うんざりせずに粘りづよく人に教えること。こうして学ぶことと教えることの要点を三つあげ、こんなことは自分にとって何の苦にもならないと、孔子は言う。自分自身の学びの過程では「厭《いと》わず」、他人に教える場合には「倦《う》まず」と、いずれのケースにおいても持続性を強調しているのが注目される。あたりまえのことを言っているようだが、持続にはつよい意志力とエネルギーが必要である。その意味で、千金の重みをもつ発言だといえよう。

ちなみに、この発言の最後のフレーズ「我《わ》れに於《お》いて何《なに》か有《あ》らんや」については、私はこの三つのことについては自信があるが、そのほかについては「私に何があろうか」、いや何もない、というふうに読む説もある。これは、いささか無理があり、やはり孔子の率直な自負の言葉と読むのが、妥当であろう。

多様な角度から語る実践的学問論をたどる。

子曰、由、誨女知之乎。知之爲知之、不知爲不知。是知也。

子《し》曰《いわ》く、由《ゆう》、女《なんじ》に之《こ》れを知《し》ることを誨《おし》えんか。之《こ》れを知《し》るを之《こ》れを知《し》ると為《な》し、知《し》らざるを知《し》らずと為《な》す。是《こ》れ知《し》る也《なり》。　（為政第二）

先生は言われた。「由《ゆう》（子路《しろ》）よ、おまえに知るとはどういうことか教えようか。わかったことはわかったこととし、わからないことはわからないとする。これが知ることだ」。

子路《しろ》は姓を仲《ちゅう》、本名を由《ゆう》といい（子路はあざな）、孔子より九歳若く、剛直で腕っぷしがつよく、若いころは遊侠だった。孔子に心酔して弟子となった後は、「子路《しろ》聞《き》くこと有《あ》りて、未《いま》だ之《こ》れを行《おこな》うこと能《あた》わざれば、唯《た》だ聞《き》くこと有《あ》るを恐《おそ》る」（一二二頁）というふうに、一途な態度で師事した。孔子もこのやや粗暴なところはあるものの、なんともナイーブな子路をこよなく愛したのだった。『論語』において、子路は顔回《がんかい》や子貢《しこう》と同様、ひんぱんに登場する高弟である。

この条は、孔子の発言がこの子路を相手にしたものであることを考慮に入れて読むと、にわかに臨場感を帯びてくる。豪快な子路は深く考えず、見る前に跳べとばかりに、暴走する傾向がある。だからこそ、孔子は、まずわかったこととわからないことを区別し、整理して考えることが必要なのだと、嚙んで含めるように説き聞かせるのである。

いうまでもなく、認識することや学ぶことは、知っていることと知らないこと、わかっていることとわからないことを、区別するところから始まる。総じて、孔子の考えかたや学びかた、ひいては教えかたの顕著な特徴は、このように対象となる事柄を区別・分類して把握し、提示するところにあるといえよう。

子曰、君子食無求飽、居無求安。敏於事、而愼於言。就有道而正焉。可謂好學也已。

子《し》曰《いわ》く、君子《くんし》は食《しょく》飽《あ》くを求《もと》むること無《な》く、居安《きょやす》きを求《もと》むること無《な》し。事《こと》に敏《びん》にして、言《げん》に愼《つつ》しむ。有道《ゆうどう》に就《つ》きて正《ただ》す。学《がく》を好《この》むと謂《い》う可《べ》きのみ。（学而第一）

先生は言われた。「君子は食事については満腹を求めることなく、住まいについては快適を求めない。行動においては敏捷、発言については慎重であり、さらにまた、道義を体得した人について批判を乞う。そうした人は学を好むといえよう」。

君子はここでは基本的には衣食住に困らない上層階級を指すと思われるが、より広く「ひとかどのりっぱな人物」ととっておきたい。そうした君子は食や住については贅沢を求めず、行動においては果断にして機敏、発言においてはぺらぺらしゃべらず慎重であることを重視しつつ、おりにつけ有道者の教示・批判を受けて、自己反省する。そうした人物は学を好むといえると、孔子は言う。物質的な充足よりも、適正な実践を重視する言葉である。

また、孔子はこうして実践につとめる者を「学を好む」者だと判定しているが、これは、孔子のいうところの学が、単に書斎の学問を指すのではなく、行動や発言のありかたや方法を含む実践的なものだったことを意味する。孔子にとって、いかに学ぶかという問題は、いかに生きるかという問題だったのである。次条において、こうした実践的学問を重視する姿勢がより明確にあらわされている。

次条に移るまえに、一言付け加えると、孔子は、この条で食や住に対する過剰な欲求についてはたしかに否定しているけれども、だからといって、けっして極端に貧しい生活を称揚しているわけではない。ゆたかな感性をもつ孔子は、後世の道学者のような窮屈なリゴリズムとは無縁だったのである。孔子がいかに鋭敏な感性と美意識をもっていたか、この点については、次節「生活のなかの美学」を参照されたい。

子曰、弟子入則孝、出則弟、謹而信、汎愛衆而親仁、行有餘力、則以學文。

子曰《しいわ》く、弟子《ていし》 入《い》りては則《すなわ》ち孝《こう》、出《い》でては則《すなわ》ち弟《てい》、謹《つつし》みて信《しん》、汎《ひろ》く衆《しゅう》を愛《あい》して仁《じん》に親《した》しみ、行《おこな》いて余力有《よりょくあ》らば、則《すなわ》ち以《もっ》て文《ぶん》を学《まな》べ。　（学而第一）

先生は言われた。「若い諸君よ、家のなかでは父母に孝行を尽くし、家の外では年長者に従い、言動には気をつけて誠実に実行し、広く大勢の人々と交際して、人格者に親しむように。そういうふうに実践して、余力があれば、書物を読みなさい」。

「弟子《ていし》」には文字どおり弟子すなわち門弟の意味と、広く若者を意味する場合があるが、ここでは後者の意。孔子が若い門弟たちにむかって、「若い諸君よ」と呼びかけたとおぼしい。また「弟《てい》」は「悌《てい》」と同義であり、年長者に素直に従うことをいう。節度ある社会の到来を願った孔子は、その第一歩として、父母には孝、年長者には弟という具合に、まず身近な人間関係の秩序性を重んじた。これを基礎として、言動における慎重さと誠実さ、人との関わりにおける広がりと密度の高さが、肝要だと説く。これらはすべて他者ひいては社会と個人の関わりにおけるポイントにほかならない。これらのポイントを学びとり、社会的に実践したうえで、なお余力があれば、狭義の学問である読書に励むようにというのである。前条で述べたように、孔子のいう「学」が、いかに実践を重視したものであるかを如実に示す発言だといえよう。

3　生活のなかの美学

公私の「場」における姿

鋭敏な美意識の持ち主だった孔子は、公的な場ではむろんのこと、プライベートな場においても、洗練された美学によってふるまった。そうした孔子の姿を、弟子たちの視点から見る。

子之燕居、申申如也。夭夭如也。

子《し》の燕居《えんきょ》は、申申如《しんしんじょ》たり。夭夭如《ようようじょ》たり。（述而第七）

先生が自宅でくつろいでおられるときは、のびのびと、またいきいきとしておられる。

燕居《えんきょ》は役所など公的な場から帰宅しくつろいでいること。申申如《しんしんじょ》と夭夭如《ようようじょ》はオノマトペである。夭夭は、『詩経《しきょう》』「桃夭《とうよう》」の詩が、結婚前のういういしい少女を「桃《もも》の夭夭《ようよう》たる」と比喩的に表現するように、本来、いきいきとつややかなさまをあらわす。

孔子は「場」を厳密に区別してとらえ、その「場」に応じた話しかたや身ぶりをするのが常だった。この条は、公的な場ではきめこまかにマナーを重んじる孔子が、自宅にもどるや、一転して、ゆったりとのびやかに、いきいきと楽しげにくつろぐ姿を鮮やかに寸描する。

孔子於鄉黨、恂恂如也。似不能言者。其在宗廟朝廷、便便言、唯謹爾。

孔子《こうし》 郷党《きょうとう》に於《お》いて、恂恂如《じゅんじゅんじょ》たり。言《い》う能《あた》わざる者《もの》に似《に》たり。其《そ》の宗廟《そうびょう》・朝廷《ちょうてい》に在《あ》るや、便便《べんべん》として言《い》い、唯《た》だ謹《つつ》しめり。

（郷党第十）

孔子は自分の住む地域では、ひかえめで慎み深く、口下手な人のようであった。しかし、宗《そう》廟《びょう》（国家の君主の先祖を祭る霊廟）や朝廷（君臣が集まる会議場）では、ハキハキと発言するが、あくまでも謹厳であった。

この条は、孔子が公私におよぶ生活のなかでいかなる言動をとったかを、具体的に記す言葉を集めた「郷党《きょうとう》第十」の冒頭に置かれたもの。ここでは、公的な場における姿と私の場における姿が明確に対比されている。

ちなみに、この篇では、「子曰く……」で始まる条が皆無である。さらに付言すれば、『論語』では孔子と弟子の対話の記録は通常、「子曰く……」という形をとり、弟子以外の者とのそれは、距離を置いた「孔子曰く……」という形をとる。こうした点を考えあわせると、「郷党第十」に記された孔子の言動は、おそらく後世の弟子集団のなかで、理想的な手本、規範として伝えられたものであろう。

それはさておき、「郷党」とは地方組織の単位であるが、ここでは、孔子が居住していた地域社会というくらいのニュアンスである。そうした地域社会の集まりに出席したときの孔子はひかえめで、とつとつと語るだけだった。これとは対照的に、宗廟《そうびょう》や朝廷つまり君臣の集まる会議場など公的な場では、打って変わって便便《べんべん》すなわちハキハキと発言したが、出過ぎた態度はけっしてとらず、あくまで謹厳であったというのである。

孔子は魯の大臣だった時期もあるが、そうした高い位についていたときも、私の場ではけっして高ぶらず「普通の人」として穏やかに暮らし、公的な場では、謹厳さを保ちつつ、なすべきこと、言うべきことはきっぱりやり遂げた。このように本来の「場」をわきまえ、それぞれのケースに応じた孔子の態度は、公的な場では右顧左眄《うこさべん》してろくに意見も述べないのに、私的な場では居丈高になって威張りちらす人々が多いなか、きわだってすぐれたものである。

食へのこだわり

日常生活における美学、すなわち「こだわり」は食の面でいかに発揮されたか。

齊必變食、居必遷坐。食不厭精。膾不厭細。食饐而餲、魚餒而肉敗、不食。色惡不食。臭惡不食。失飪不食。不時不食。割不正不食。不得其醬不食。肉雖多、不使勝食氣。惟酒無量。不及亂。沽酒市脯不食。不撤薑食。不多食。

斉《さい》するときは必《かなら》ず食《しょく》を変《へん》じ、居《きょ》は必《かなら》ず坐《ざ》を遷《うつ》す。食《し》は精《しら》げを厭《いと》わず。膾《なます》は細《ほそ》きを厭《いと》わず。食《し》の饐《い》して餲《あい》せる、魚《うお》の餒《あさ》れて肉《にく》の敗《やぶ》れたる、食《く》らわず。色悪《いろあ》しき　食《く》らわず。臭《にお》いの悪《あ》しき　食《く》らわず。飪《じん》を失《うしな》える　食《く》らわず。時《とき》ならざる　食《く》らわず。割《き》り目正《ただ》しからざれば　食《く》らわず。其《そ》の醬《しょう》を得《え》ざれば　食《く》らわず。肉《にく》は多《おお》しと雖《いえど》も、食《し》の気《き》に勝《か》たしめず。

惟《た》だ酒《さけ》は量無《りょうな》し。乱《らん》に及《およ》ばず。沽《か》う酒《さけ》　市《か》う脯《ほしにく》は食《く》らわず。薑《はじかみ》を撤《す》てずして食《く》らう。多《おお》く食《く》らわず。

（郷党第十）

（孔子は）ものいみのときは、ふだんとちがう食事をとり、座席もふだんとちがう場所に移した。（平生の食生活では）米は精白されたものほど好み、膾《なます》（魚肉の刺身）は細かく刻んだものほど好んだ。ご飯が異臭を発して味が変になったのや、いたんだ魚や腐った肉は食べなかった。色のわるいものは食べず、悪臭のするものは食べなかった。飪《じん》（煮かげん）がよくないものは食べず、季節はずれのものは食べなかった。切りかたが正しくないものは食べず、醬《しょう》（ドレッシング）が合わなければ食べなかった。肉はいくら多く食べてもご飯の量を超さなかった。ただ酒にはきまった分量はないが、乱れるまでは飲まない。市販の酒とほし肉は買わない（自家製でまかなう）。（魚肉に添えた臭み消しの）ハジカミは捨てずに食べるが、多量には食べない。

この条については、最初の二句だけ「ものいみ」のことをいい、あとはすべて孔子の平生の食生活を述べたとする説と、すべて「ものいみ」の作法だとする説がある。後者の説には無理があり、いま前者の説に従う。

第三句以下に微細に記された孔子の食生活は、これが二千五百年以上も昔の話だとは思えないほど、孔子の繊細な美意識とレベルの高い味覚のありようを、具体的に示しており、驚嘆するほかない。孔子は、米(米やごはんの場合、食の字はシと読む)は精白米、刺身は細かく刻んだものを好む。腐った魚肉類はむろん食べず、煮かげんがわるくて、煮えすぎたものや生煮えのものは食べず、季節はずれのものは嫌い、旬のものを食べる。ドレッシングが合わないもの、切り目が不ぞろいなものは食べない。

これらの記述は、孔子が食材の選び方、調理の仕方、料理の盛りつけや合わせかたにまで、細やかに神経のゆきとどいたものを好み、視覚的にも味覚的にも最上のものを求める、真の意味での美食を追求したことをおのずとあらわす。孔子が単純素朴に清貧をよしとし、食の快楽をことさらに否定する並みの道学者とは、およそ異なる人物であったことが、この一事を以てしても明らかになるであろう。

また、肉の分量には、いくら食べてもご飯の量を超えないという限度があるけれども、酒については限度を設けず、乱れない程度までとするのにも、味わい深いものがある。乱れない程度といっても個人差があり、推測をたくましくすれば、長身(一説によれば、九尺六寸すなわち約二メートル二〇センチあったという)の偉丈夫だった孔子は酒もつよく、いくら飲んでも端然として、「乱に及ぶ」ことはなかったのではあるまいか。

ふるまいの美意識
場面に応じて、礼のルールにのっとった微妙な身体表現を行い、誠意を示す。

食不語。寝不言。（郷党第十）

食《く》らうに語《かた》らず。寝《い》ぬるに言《い》わず。

（孔子は）食事中は口をきかず、就寝中は口をきかなかった。

何事も集中するのが肝要であり、孔子は食べるときは食べることに、眠るときは眠ることに集中し、黙して語らなかったというのである。これでは、あまりに窮屈すぎるから、食事のとき、孔子は教訓めいた話はしなかったという意味だと説く注釈もある。しかし、この条は爾来、ことに日本では、食事中はぺちゃくちゃしゃべってはならないという意味で、うけとられてきたと思われる。というのも、明治生まれだった私の父は食事中にしゃべることを嫌い、しゃべると怒るので、大家族だったときも一同、黙々と箸を動かすのが常だった。『論語』がときには曲解を含みながら、時空をこえ、人々の日々の営みのなかで受け継がれてきたことを端的に示す例であろう。

席不正、不坐。

席正《せきただ》しからざれば、坐《ざ》せず。（郷党第十）

（孔子は）座席は、ちゃんとした方向に向いていないと座らなかった。

中国では唐《とう》代から椅子をつかうようになったが、それ以前は、床の上に座布団にあたる敷物を置いて座っていた。孔子の生きた春秋《しゅんじゅう》時代もむろんそうだった。孔子はその座席をまっすぐに直してから座ったというのである。これは孔子が潔癖症であったというより、礼の一種だったのであろう。これまた個人的な体験をいえば、明治元年生まれだった私の父方の祖母は、必ず座布団の位置を直すしぐさをしてから座るのが常であった。

君命召、不俟駕行矣。

君《きみ》 命《めい》じて召《め》せば、駕《が》を俟《ま》たずして行《ゆ》く。（郷党第十）

（孔子は）君主からお召があると、馬車の用意ができないうちに、すぐ外へ歩きだした。

君主から呼び出しがかかると、即座に対応し、機敏に行動を開始する孔子の姿を描いたもの。むろん歩いている途中で、準備のできた馬車が追いついてくれれば、それに乗ったことだろうが、とるものもとりあえず、呼んだ相手に応じようとする誠実な態度が、いかにもすっきりと小気味よい。君主にかぎらず、人と約束した時間を守るのは、いつの時代においても基本的ルールである。遅刻癖のある向きには拳拳服膺《けんけんふくよう》すべき言葉だといえよう。

見齊衰者、雖狎必變。見冕者與瞽者、雖褻必以貌。凶服者式之。式負版者。有盛饌、必變色而作。迅雷風烈必變。

斉衰《しさい》の者《もの》を見《み》ては、狎《な》れたりと雖《いえど》も必《かなら》ず変《へん》ず。冕者《べんしゃ》と瞽者《こしゃ》とを見《み》ては、褻《な》れたりと雖《いえど》も必《かなら》ず貌《かたち》を以《もっ》てす。凶服《きょうふく》の者《もの》には之《こ》れに式《しょく》す。負版《ふはん》の者《もの》に式《しょく》す。盛饌《せいせん》有《あ》れば、必《かなら》ず色《いろ》を変《へん》

じて作《た》つ。迅雷《じんらい》・風烈《ふうれつ》には必《かなら》ず変《へん》ず。（郷党第十）

（孔子は）斉衰《しさい》の喪服（五段階に分かれた喪服のうち、二番目に程度の重い喪服。たとえば母の死にあった者が着用する喪服）を着た人に会うと、親しい間柄であっても必ずハッと居ずまいを正した。公式の冕《べん》の冠をかぶった人や目のわるい人に会うと、親しい間柄であっても必ず改まったおごそかな態度をとった。凶服《きょうふく》（斉衰よりは軽い程度の喪に服する者が着用する喪服）を着た人には、車中で軽く前かがみになって敬礼し、負版《ふはん》の人（戸籍簿を背に担いだ役人）にも同様に敬礼した。豪勢なごちそうをふるまわれると、必ずパッと顔色を変え態度を改めて立ち上がり、感謝を表した。激しい雷や暴風にあうと、必ずハッと居ずまいを正した。

さまざまの尋常ならざる事態、あるいはそうした事態にある人と遭遇したさい、孔子はそれぞれのケースや度合に応じて、顔つき、身ぶり、しぐさなどで、対象に対する思いを具体的に表現した。程度の重い喪に服する人、公式の冠をかぶった高官、障害のある人には、ハッと厳粛な顔になり居ずまいを正して、深い哀悼の意や敬意を表し、程度の軽い喪に服する人や戸籍簿を担いだ係官には、軽く敬礼して、さりげなく哀悼の意や敬意を表し、豪勢なごちそうをふるまわれたときには、態度を改めて立ち上がり、謝意をあらわす、という具合である。まさに、礼のルールにのっとった身ぶりの美学、しぐさの美学による、誠意の表現にほかならず、文化の何たるかを実感させられる。

最後の「迅雷《じんらい》・風烈《ふうれつ》には必《かなら》ず変《へん》ず」だけは、それまでの身ぶりがすべて人間に関わることであるのに対し、異様な自然現象に遭遇したさいの態度を述べる。これは、けっして臆病さをあらわすものではなく、孔子が自然の脅威に対しても常に敏感かつ敬虔であったことを示すものだといえよう。

ちなみに、このくだりは、はるかに時代の下った『三国志演義』第二十一回に盛り込まれている。根拠地を失い、曹操《そうそう》のもとに身を寄せていた劉備《りゅうび》が曹操に招かれて酒を飲み、よもやま話をするうち、曹操に警戒されていることを察知して仰天し、思わず手にもっていた箸を落としてしまう。そのときちょうど雷鳴がとどろき、大雨が降りだしたので、これ幸いと「聖人も迅雷・風烈には必ず変ず、と言っておられます」などと言いつくろい、内心の動揺を巧みに糊塗し、曹操の疑念をはらしたというものである。この話は、『正史三国志』「先主《せんしゅ》伝」に付された裴松之《はいしょうし》注『華陽国志《かようこくし》』にもすでに見えている。いずれにせよ、あまり勉強の得意でなかった劉備さえ、とっさの場合にこの言葉を思いだし、危機を逃れたということは、『論語』がいかに普遍的な教養として広く流布していたかを、示すものだといえよう。

第二章　考えかたの原点

匡で襲われる孔子（『聖跡図』）

1　核となるキーワード

❖「君子」――徳は孤ならず

さまざまな角度から、理想的人間像「君子」をとらえる。

子曰、學而時習之、不亦說乎。有朋自遠方來、不亦樂乎。人不知而不慍、不亦君子乎。

子《し》曰《いわ》く、学《まな》んで時《とき》に之《こ》れを習《なら》う、亦《ま》た説《よろこ》ばしからず乎《や》。朋《とも》有《あ》り遠方《えんぽう》自《よ》り来《き》たる、亦《ま》た楽《たの》しからず乎《や》。人《ひと》知《し》らずして慍《いか》らず、亦《ま》た君子《くんし》ならず乎《や》。

（学而第一）

先生は言われた。「学んだことをしかるべきときに復習するのは、喜ばしいことではないか。勉強仲間が遠方から来てくれるのは、楽しいことではないか。人から認められなくとも腹をたてない。それこそ君子ではないか」。

二十巻からなる『論語』の開巻「学而《がくじ》第一」の冒頭に置かれた言葉であり、『論語』世界の雰囲気を象徴する発言である。「学」のうちには、『詩経《しきょう》』や『書経《しょきょう》』などの古典を学ぶことのほか、儀式や日常生活における礼法を実践的に学びとることも含まれている。さまざまな形で学んだことを、それが身についた時期に、もう一度おさらいして、自分のものにするのは喜ばしいことではないか。同じように学びの体験を積んでいる友人が遠方から訪ねてきてくれ、うちとけて語り合い共感するのは、楽しいことではないか。こうして学ぶことの喜び、共感できる友人との談笑する楽しみがある以上、世間から評価されなくとも腹を立てない。それこそ「君子」ではないか。なお、君子については、すでに前章（七頁など）で述べたように、もともとは上層階級に属し、美的・倫理的に修練を積んだ人物を指すが、孔子の描く君子像は階層を超え、より広がりをもつ理想的人間像である。

ここで孔子は弟子たちに対して、みずからの体験を踏まえながら、まず楽しく充実して生きるようにと語りかけ、性急に世間的評価を求めてはならないと言う。ちなみに、孔子には「古《いにしえ》の学者《がくしゃ》は己《おのれ》の為《ため》にし、今《いま》の学者《がくしゃ》は人《ひと》の為《ため》にす」（一九七頁）という発言もあり、パフォーマンスとしての学問を痛烈に批判している。

なお、この条の発言はすべて「亦た〜ず乎（〜ではないかね）」という、圧迫を感じさせない穏やかな問いかけの語調になっており、先生と弟子が自由かつ活発に語り合った孔子一門のざっくばらんな雰囲気を、おのずと明らかにする。

子曰、不患人之不己知、患不知人也。

子《し》曰《いわ》く、人《ひと》の己《おのれ》を知《し》らざるを患《うれ》えず、人《ひと》を知《し》らざるを患《うれ》うる也《なり》。（学而第一）

先生は言われた。「自分が人から認められないことは気に病まず、自分が人を認めないことを気に病む」。

『論語』の開巻「学而第一《がくじ》」（全十六条）は前条で始まりこの条で結ばれる。冒頭に置かれた前条の「人知《ひとし》らずして慍《いか》らず、亦《ま》た君子《くんし》ならず乎《や》」と、この結びの「人《ひと》の己《おの》れを知《し》らざるを患《うれ》えず、人《ひと》を知《し》らざるを患《うれ》うる也《なり》」が、呼応し響きあって、美しい円環を描いているのが見てとれる。

さらにまた、結びの発言は、気に病むべきことは、自分が他人に認められないことではなく、他人を認めることができないことだと、受動的な発想を主体的発想に逆転させたものである。ここには、孔子の弾力性にとむ精神の強靱さが、絶妙のレトリックによって鮮やかに浮き彫りにされている。

子曰、不患人之不己知、患其不能也。

子曰《しいわ》く、人《ひと》の己《おのれ》を知《し》らざるを患《うれ》えず、其《そ》の不能《ふのう》を患《うれ》うる也《なり》。（憲問第十四）

先生は言われた。「人が自分を認めないのは気に病まないが、自分が無能であることを気に病む」。

これも、他人つまり世間から評価されなくても気に病まないようにと説いたものだが、今度は、気に病むべきは、自分の能力の不足だと言う。視点は異なるが、これもまた他者評価より、自分の欠点から目をそむけない自己認識の大切さを説いており、やはり受動的な発想を主体的発想に逆転させた表現だといえよう。このほか、ずばり「君子」を主語として、「君子《くんし》は無能《むのう》を病《なや》みとす。人《ひと》の己《おのれ》を知《し》らざるを病《なや》みとせざる也《なり》」（衛霊公《えいれいこう》第十五）とも述べており、やや言いまわしは異なるが、意味は変わらない。
このように孔子は、他人や社会から認められないことは問題でないと、くりかえし強調しているが、だからといって、けっして世間に背を向け孤高であることこそ君子の条件だと言っているわけではない。全力を尽くして学び生きても、残念ながら認められないことはある。そんな場合もくよくよ悲観せず、堂々と学び生きよと、力強いエールを贈っているのである。次にあげる言葉は、こうした孔子の思いを如実にあらわすものである。

子曰、不患無位、患所以立。不患莫己知、求爲可知也。

子《し》曰《いわ》く、位《くらい》無《な》きを患《うれ》えず、立《た》つ所以《ゆえん》を患《うれ》う。己《おのれ》を知《し》る莫《な》きを患《うれ》えず、知《し》らる可《べ》きを為《な》すを求《もと》むる也《なり》。（里仁第四）

先生は言われた。「地位のないことを気に病まず、地位にふさわしい実力がないことを気に病む。人が自分を認めてくれないことを気に病まず、認められるようなことを成し遂げるよう心がける」。

この発言の底には、ひたすら実力を磨きたくわえていったならば、必ず他人や社会も認めるだろうという、大らかな楽観主義がある。貧しい少年時代に学に志し、ひたすら研鑽を積んで飛翔した孔子ならではの言葉であり、この項の最後にあげた「徳《とく》は孤《こ》ならず、必《かなら》ず鄰《とな》り有《あ》り」（五一頁）とも通じる、じめつかない陽性の健やかさが感じとれる発言である。

子曰、君子周而不比。小人比而不周。

子《し》曰《いわ》く、君子《くんし》は周《しゅう》して比《ひ》せず。小人《しょうじん》は比《ひ》して周《しゅう》せず。（為政第二）

先生は言われた。「君子は誠実さと節度をもって人と交わるが、なれ親しむことはない。小《しょう》人《じん》はなれ親しむが、誠実さと節度をもって交わらない」。

君子がもともとは上層階級に属するりっぱな人物を意味するのと同様、小人《しょうじん》ももともとは低い身分階層に属し芳しくない性向を持つ者を指す。しかし、ここでもそうだが、孔子のいう小人は階層に関わりなく品性下劣な小人物を指す場合が多い。「周《しゅう》」と「比《ひ》」については、さまざまな解釈があるが、要は、「周」は人との交際において、誠実さと距離をおいた節度を保ちながら親しくすること、「比」は誠実さも節度もなく、ひたすらべったりと親しむことをいう。人間関係における節度、秩序性を重視した孔子は、小人の無限定な態度を軽蔑し否定するのである。

ちなみに、儒家《じゅか》思想と対立する道家《どうか》思想の祖の一人、荘子《そうし》もまた「君子《くんし》の交《まじ》わりは淡《あわ》きこと水《みず》の若《ごと》く、小人《しょうじん》の交《まじ》わりは甘《あま》きこと醴《れい》の若《ごと》し。君子《くんし》は淡《あわ》くして以《もっ》て親《した》しみ、小人《しょうじん》は甘《あま》くして以《もっ》て絶《た》つ（君子の交わりは淡々として水のようだが、小人の交わりはべたべたして甘酒のようだ。君子は淡々として親しみを増し、小人はべたつくくせに、すぐ絶交する）」（『荘子』山木篇）と述べている。荘子の表現はいかにも辛辣だが、主旨そのものは、孔子の発言と期せず一致する。やたらに密着するくせに、わりに合わないとみれば、たちまち離れてゆく小人の交わりを嫌悪する点では、儒家も道家も変わらない。

子曰、君子和而不同。小人同而不和。

（子路第十三）

子《し》曰《いわ》く、君子《くんし》は和《わ》して同《どう》ぜず。小人《しょうじん》は同《どう》じて和《わ》せず。

先生は言われた。「君子は人と調和するが、みだりに同調しない。小人はみだりに同調するが、調和しない」。

前条と同様、人との交際のしかたについて、君子と小人を対比させた有名な言葉である。「和《わ》」は、自分の考えかたや意見をしっかり保ちながら、人の考えかたや意見を尊重し、調和のとれた関係を結ぶことをいう。「同《どう》」は相手の顔色をうかがい、やみくもに同調する卑屈な態度を指す。主体的に毅然としつつも、他者と調和のとれた関係を結ぶことは、社会内存在である人間にとって、永遠の課題だといえよう。

子曰、君子成人之美、不成人之悪。小人反是。

子《し》曰《いわ》く、君子《くんし》は人《ひと》の美《び》を成《な》し、人《ひと》の悪《あく》を成《な》さず。小人《しょうじん》は是《こ》れに反《はん》す。（顔淵第十二）

先生は言われた。「君子は他人がよいことをするのは助けるが、わるいことをするのは助けない。小人はその反対である」。

君子は、人から協力を求められたとき、それが善なることなら、積極的に協力し助力を惜しまないが、善ならざることであれば、きっぱり拒否して手を貸さない。これは、君子ならざる普通の人間にとっても、心すべき人間関係のポイントである。こうしてみると、孔子のいう「君子」とは、けっして普通の人間には及びもつかない超人ではなく、誰でも努力すればその域に達することのできる、コモンセンスを備えたまっとうな人間像を指すともいえる。それにしても、こうした君子とは反対だと、ばっさり卑劣な小人を断罪する口調は痛烈きわまりなく、孔子の内に秘めた激しさを感じさせる。

子曰、君子欲訥於言、而敏於行。

子曰《しいわ》く、君子《くんし》は言《げん》に訥《とつ》にして、行《おこな》いに敏《びん》ならんことを欲《ほっ》す。　（里仁第四）

先生は言われた。「君子は口下手であっても、行動は敏捷でありたいと願う」。

「訥《とつ》」は訥弁、つっかえながら、スローテンポでしゃべる口下手をいう。孔子は必ずしも能弁を否定しているわけではなく、ぺらぺらしゃべりまくるだけの口先人間を否定し、君子たる者はたとえスローな口下手であっても、行動はスピーディに敏捷でありたいと願うものだ、という。実践を最重視した孔子らしい発言である。孔子自身は訥弁どころか、絶妙のレトリックを駆使する超一流の弁論術、話術の持ち主であった。この発言は弟子たちに向かって、流暢な空論を操るな、敏速に行動せよと、呼びかけたものであろう。

子曰、徳不孤、必有鄰。

子曰《しいわ》く、徳《とく》は孤《こ》ならず、必《かなら》ず鄰《とな》り有《あ》り。　　（里仁第四）

先生は言われた。「徳を体得した者は孤独ではなく、必ず隣人がいる」。

この条は「君子」を主語としたものではないが、「徳」すなわち大いなる徳（道徳）を体得した個人と、「君子」はほとんど重なる存在である。そうした徳の体得者はけっして孤立無援ではなく、必ず身近に自分と同種の人物あるいは理解者がいるものだと、孔子は言う。この言葉は、この項に何度も見えた「人《ひと》の己《おのれ》を知《し》らざるを患《うれ》えず」という発言とも呼応する。ここには、まっとうに誠実に生きてさえいれば、必ず認められ、友人や理解者もあらわれるという、孔子ひいては孔子儒家集団に顕著な、明朗な開放感がくっきりと映しだされている。人を鼓舞する力に満ちた一条である。

❖「仁」――誠実な思いやり

基本理念ともいうべき「仁」を、具体的なイメージによって語る。

子曰、仁遠乎哉。我欲仁、斯仁至矣。

子《し》曰《いわ》く、仁遠《じんとお》からんや。我《わ》れ仁《じん》を欲《ほっ》すれば、斯《ここ》に仁至《じんいた》る。（述而第七）

先生は言われた。「仁は遠いところにあるものだろうか。いや、自分が仁を求めさえすれば、仁はたちまちここにやってくる」。

仁は誠実な思いやりや人間愛など、さまざまな要素を包括した大いなる徳義をいい、仁者とはこうした徳義を体現した人物をいう。孔子はここで、大いなる仁の徳義は高邁《こうまい》で容易に手のとどかないものだと、しり込みする弟子たちに向かって、仁は手のとどかないものではない、自分が体得したいと強く求めさえすれば、仁のほうから目の前にやってくるものだよと、励ます。潑剌《はつらつ》とした力強い言葉である。仁というつかみにくい理念を、擬人化したようなこの言葉には、意表をつく面白さがあり、口で唱えてみると、晴れ晴れとした愉快な気分になってくる。

子曰、剛毅木訥、近仁。

子《し》曰《いわ》く、剛毅《ごうき》木訥《ぼくとつ》、仁《じん》に近《ちか》し。（子路第十三）

先生は言われた。「剛毅で朴訥な人は仁に近い」。

剛毅木（朴）訥とは、心根がきっぱりとして強く、かざりけのないことをいう。そうした人物は、仁の徳義に近づいているというのだ。前項であげた「君子《くんし》は言《げん》に訥《とつ》にして、行《おこな》いに敏《びん》ならんことを欲《ほっ》す」（五〇頁）とも通じる発言である。一方、孔子は「巧言令色《こうげんれいしょく》、鮮《すくな》し仁《じん》」（一九四頁）、すなわち「巧妙な言葉づかい、とりつくろった表情の人間は真情に欠ける」と述べ、口がうまくて、うわべだけ愛想のよい人間を痛烈に批判している。これらを照らしあわせてみると、孔子が口下手でも真情あふれる人間を高く評価していることが、よくわかる。

子曰、惟仁者、能好人、能悪人。

子曰《しいわ》く、惟《た》だ仁者《じんしゃ》のみ、能《よ》く人《ひと》を好《この》み、能《よ》く人《ひと》を悪《にく》む。

（里仁第四）

先生は言われた。「仁を体得した人だけが、真に人を好み、人を憎むことができる」。

仁者すなわち人間に対する誠実な思いやりをもつ人物だけが、心から人を愛し憎むことができるというのである。孔子のいう仁とは、無差別的に安っぽく愛情をふりまくことではない。みずからの感情を抑制することなく、善き人を好み、品性下劣な人間を憎んできびしい態度でのぞむ。仁者とは、こうした感情の起伏をきわめて自然に表現し、それがおのずと摂理にかなっている人物を指す。第一章冒頭にあげた孔子の生涯を要約した発言のなかにある、「七十《しちじゅう》にして心《こころ》の欲《ほっ》する所《ところ》に従《したが》って、矩《のり》を踰《こ》えず」（二頁）とも響きあう言葉である。

子曰、人之過也、各於其黨。觀過、斯知仁矣。

子曰《しいわ》く、人《ひと》の過《あやま》つや、各《おの》おの其《そ》の党《とう》に於《お》いてす。過《あやま》ちを観《み》れば、斯《ここ》に仁《じん》を知《し》る。

（里仁第四）

先生は言われた。「人が過失をおかすのはそれぞれ類《たぐい》による。過失を見れば、その人の仁のほどがわかる」。

この条には多様な解釈がある。ここにあげた訳は、従来、もっとも流布する南宋《なんそう》の大儒学者朱子《しゅし》の注による。朱子の意見では、人の過失は「党類《とうるい》（範疇、カテゴリー）」によって生じ、君子には君子の、小人には小人の過失がある。君子は思いやりが深すぎるために過失をおかし、小人は薄情なために過失をおかす。だから過失を見れば、その人が仁であるか不仁であるかわかる、というのである。こう読めば、過失というマイナス方向から、その人物の特性を把握しようとする、面白い見方が浮かんでくる。

このほか荻生徂徠《おぎゅうそらい》のように、「党」を「郷党（地域社会）」と解釈し、「人（住民）が過失をおかすのは、それぞれ地域社会の影響による。住民の過失を見ると、その地の支配者（君主）の仁のほどがわかる」と読む説もある。あまりにも政治主義的な読みかたであり、私はこの解釈に違和感をおぼえる。

いずれにせよ、孔子のおりおりの発言を収録した『論語』の言葉は、いわば断片の集積であり、このように多様な解釈を可能にする余地がある。その意味で『論語』の言葉は、膨らみと曖昧性を帯びた詩的言語に似るといえよう。

子貢曰、如有博施於民、而能濟衆、何如。可謂仁乎。子曰、何事於仁。必也聖乎。堯舜其猶病諸。夫仁者、己欲立而立人、己欲達而達人。能近取譬。可謂仁之方也已。

子貢《しこう》曰《いわ》く、如《も》し博《ひろ》く民《たみ》に施《ほどこ》して、能《よ》く衆《しゅう》を済《すく》うもの有《あ》らば、何如《いかん》。仁《じん》と謂《い》う可《べ》きか。子《し》曰《いわ》く、何《なん》ぞ仁《じん》を事《こと》とせん。必《かなら》ずや聖《せい》か。堯舜《ぎょうしゅん》も其《そ》れ猶《な》お諸《これ》を病《や》めるか。夫《そ》れ仁者《じんしゃ》は、己《おのれ》立《た》たんと欲《ほっ》して人《ひと》を立《た》て、己達《おのれたっ》せんと欲《ほっ》して人《ひと》を達《たっ》す。能《よ》く近《ちか》く譬《たと》えを取《と》る。仁《じん》の方《みち》と謂《い》う可《べ》きのみ。（雍也第六）

子貢《しこう》は言った。「もし広く民衆に恩愛をほどこし、民衆を救済することができれば、どうでしょう。仁というべきでありましょうか」。先生は言われた。「それは仁どころではない。聖人でなければできないことだ。いや、堯《ぎょう》・舜《しゅん》のような聖人でさえ、やはりむずかしいことだ。

そもそも仁者は自分が立ちたいと思えば、まず人を立たせる。自分が到達したいと思えば、まず人を到達させる。(何かを他人にしようとするときは)自分の身にひきつけて考えてから始める。これこそ、仁を実践する方法だ」。

秀才の高弟、子貢《しこう》が恩愛を以て民衆を救済することが仁かと、大局的かつ政治的な視点から質問したのに対し、孔子は、それは古《いにしえ》の聖天子である堯《ぎょう》や舜《しゅん》にとっても至難の業だと述べ、子貢の遠大な質問の方向を転換する。ここで孔子の説く仁は、他者との共生をめざすものであり、他者を尊重し、まず自分を基本として想像力を働かせながら、誠実な思いやりや愛情を顔の見える個々の人間に、ゆるやかにおよぼしてゆくことにほかならない。抽象的な概念より、個別具体的な行為や実践を重んじる孔子ひいては儒家の考えかたを、端的に示した発言である。ここには、先にあげた「仁遠《じんとお》からんや。我《わ》れ仁《じん》を欲《ほっ》すれば、斯《ここ》に仁至《じんいた》る」(五二頁)とも通じる、誰にでも仁を体得し実践することは可能だという、大らかな信念がみてとれる。

宰我問曰、仁者雖告之曰、井有仁焉、其從之也。子曰、何爲其然也。君子可逝也、不可陷也。可欺也。不可罔也。

宰我《さいが》問《と》いて曰《いわ》く、仁者《じんしゃ》は之《こ》れに告《つ》げて、井《せい》に仁有《ひとあ》りと曰《い》うと雖《いえど》も、其《そ》れ之《こ》れに従《したが》わんや。子《し》曰《いわ》く、何為《なんす》れぞ其《そ》れ然《しか》らんや。君子《くんし》は逝《ゆ》かしむ可《べ》き也《なり》、陥《おちい》らしむ可《べ》からざる也《なり》。欺《あざむ》く可《べ》き也《なり》。罔《し》う可《べ》からざる也《なり》。

(雍也第六)

宰我《さいが》が質問した。「仁徳をもつ人は、誰かに「井戸のなかに人が落ちた」と言われたら、すぐ飛びこむでしょうか」。先生は言われた。「どうしてそんなことをするものか。仁徳のある君子は、そこ(井戸のほとり)まで行かせることはできるが、飛びこませることはできない。君子はだますことはできるが、見境もなくさせることはできないのだ」。

宰我《さいが》は姓を宰、本名を予《よ》、あざなを子我《しが》といい、孔子より二十九歳年下の弟子である。「言語(弁論)には、宰我、子貢《しこう》」とされるように、孔子門下で子貢と並び称される能弁家だが、才子、才に溺れる傾向があり、素行に問題もあったため、孔子にしばしば叱責された(一八二頁)。ここにみえる「井戸に仁《ひと》が落ちた(この「仁」は「人」の意)」と言われると、仁者(仁徳のある人)はすぐ助けに飛びこむかという質問にも、鬼面、人を驚かせる嫌味な奇抜さがある。

しかし、孔子は宰我の挑発をまったく意に介さず、冷静に答える。仁徳をもつ君子は、そんなウソをつかれても、井戸のほとりまで行ってはみるが、前後の見境なく飛びこんだりはしないものだ、と。ここでは仁者と君子は同義だが、そうした誠実でまっとうな人物は、慎重に状況を判断したうえで行動するとされているのが、注目される。孔子は行動における果断さをよしとしたが、「暴虎《ぼうこ》馮河《ひょうが》」(一〇七頁)、すなわち「虎と素手で闘い、大河を徒歩《かち》わたりする」ことの無謀さはきっぱり否定するのである。

子曰、知者不惑。仁者不憂。勇者不懼。

子《し》曰《いわ》く、知者《ちしゃ》は惑《まど》わず。仁者《じんしゃ》は憂《うれ》えず。勇者《ゆうしゃ》は懼《おそ》れず。（子罕第九）

先生は言われた。「知性のある人は迷わない。誠実な思いやりをもつ人は悩まない。勇気のある人は恐れない」。

すぐれた知性をもつ人は透徹した認識力があるから迷うことはなく、誠実な思いやりをもつ人は自分の言動に確信があるから悩むことはなく、勇気のある人は強い意志があるから恐れない、というのである。

知者、仁者、勇者の特性を比較したというより、孔子はこの三者の特性を兼ね備えることを理想とした。それは、別の箇所において、「子曰《しいわ》く、君子《くんし》の道《みち》なる者三《みっ》つ、我《わ》れ能《よ》くすること無《な》し。仁者《じんしゃ》は憂《うれ》えず。知者《ちしゃ》は惑《まど》わず。勇者《ゆうしゃ》は懼《おそ》れず。子貢曰《しこういわ》く、夫子《ふうし》自《みずか》ら道《い》う也《なり》」（憲問《けんもん》第十四）と述べていることからも、明らかに見てとれる。ちなみに、ここで孔子は「君子が実践しなければならない生きかたは三つあるが、私はどれもできない」と言って、知、勇、仁の三つをあげる。今あげた条とは順番が違うが内容はまったくひとしい。それを聞いた子貢が、「それは先生がご自分のことをおっしゃったのですね」と言い添え、「私にはできない」と言った孔子の謙遜の美学を、やんわり抑えたのである。

　こうしてみると、孔子のいう君子とは、仁徳、知性、勇気をあわせもった理想的人間像ということになるであろう。美しくも雄々しき人間像である。

　なお、孔子には知者と仁者を比較対照し、「知者《ちしゃ》は水《みず》を楽《たの》しみ、仁者《じんしゃ》は山《やま》を楽《たの》しむ。知者《ちしゃ》は動《うご》き、仁者《じんしゃ》は静《しず》かなり。知者《ちしゃ》は楽《たの》しみ、仁者《じんしゃ》は寿《いのちなが》し」（雍也《ようや》第六）と述べた、美しい発言もある。

子罕言利與命與仁。

子《し》は罕《まれ》に利《り》と命《めい》と仁《じん》とを言う。（子罕第九）

先生はめったに利益、運命、仁徳について語られなかった。

この条についてはさまざまな読みかたや解釈がある。この訳は伝統的な読みかたに従ったものである。なるほど『論語』において孔子は「利(利益)」についてはほとんど語っておらず、「命(運命)」については時に語ることはあるものの、そう頻繁でないといえる。しかし、「仁(仁徳)」については、この項でも数例あげたが、しばしば言及している。にもかかわらず、めったに語らなかったというのが矛盾するというのが、読みかたや解釈が分かれる理由である。

そこで、荻生徂徠《おぎゅうそらい》をはじめ、この文章を途中でくぎり、「子《し》は罕《まれ》に利《り》を言《い》う。命《めい》と与《とも》にし仁《じん》と与《とも》にす(先生はめったに利益について語られなかった。語られる場合は運命や仁徳と関連づけられた)」と読む説が出てくる。斬新にして説得力のある新説である。

ただ、思うに、孔子は先にあげたように、「我《わ》れ仁《じん》を欲《ほっ》すれば、斯《ここ》に仁《じん》至《いた》る」(五二頁)とか「過《あやま》ちを観《み》れば、斯《ここ》に仁《じん》を知《し》る」(五五頁)等々のように、さまざまな仁のあらわれかたについては、しばしば語っているものの、仁とは何かという定義づけをすることは、それこそめったにない。このため、先にあげたとおり、宰我《さいが》は論外としても、聡明きわまりない高弟の子貢《しこう》も把握しかね、あえて仁について質問したのであり、弟子たちは総じて、先生は仁(そのもの)についてめったに語られることはない、という印象をもったのではなかろうか。

孔子は仁のみならず、基本となる理念について、あらかじめがっちり定義づけし論理化することはなく、多様な角度から個別具体的な事例を積みあげ、複合的に浮かびあがらせようとする。いかにも実践的思想家孔子らしい思考方式であり、表現方法だといえよう。

❖「孝」——父母への敬愛

誠実な思いやりや愛情の原点として、父母に対する敬愛を重んじる。

孟武伯問孝。子曰、父母唯其疾之憂。

孟武伯《もうぶはく》 孝《こう》を問《と》う。子曰《しいわ》く、父母《ふぼ》は唯《た》だ其《そ》の疾《やまい》を之《こ》れ憂《うれ》う。

（為政第二）

孟武伯《もうぶはく》が親孝行についてたずねた。先生は言われた。「父母にはただその病気のことだけ心配されよ」。

質問者の孟武伯《もうぶはく》は魯の三大貴族（三桓《さんかん》）の一つ、孟孫《もうそん》氏の一族。その孟武伯が親孝行について質問したのに対する孔子の答えである。実はこの答えについては古来、三通りの解釈がある。第一は、「其《そ》の疾《やまい》」を「子どもの病気」ととり、父母が子どもの病気のことだけ心配するようにし、ほかのことでは心配かけてはならない、と解釈するもの。第二は、第一と同様「其の疾」を「子どもの病気」ととるが、父母は子どもが病気になることだけ心配しているのだから、病気にならないよう身体を大事にしなさい、と解釈するもの。第三は「其の疾」を「父母の病気」ととり、父母についてはただ病気のことだけ心配しなさい、と解釈するものである。

この短い文章に、これほど多様な解釈があり、しかもこの三通りの解釈がいずれも成り立ちうるのだから、中国語の文章が内包する多義性に改めて驚かされる。私見によれば、このうち第三の解釈が、もっとも素直に自然の流れに沿ったものであり、次条の発言とも共通するところがあるため、これによって訳した。

子曰、父母之年、不可不知也。一則以喜、一則以懼。（里仁第四）

子《し》曰《いわ》く、父母《ふぼ》の年《とし》は、知《し》らざる可《べ》からざる也《なり》。一《ひと》つには則《すなわ》ち以《もっ》て喜《よろこ》び、一つには則《すなわ》ち以《もっ》て懼《おそ》る。

先生は言われた。「父母の年は知っておかねばならない。一つにはその長命を喜び、一つには高齢で不測の事態が起こるのを恐れるのである」。

堅苦しい親孝行の教義とはおよそ無縁な、深いやさしさにあふれた言葉である。私の父母はともに長生きし、父は八十二歳、母は九十五歳の長寿を保った。父母の最晩年、よくこの言葉を思い浮かべたことが、懐かしまれる。

❖「礼」——真情の表現形式

節度ある人間関係を求め、その具体的表現である礼を重視する。

子曰、居上不寛、爲禮不敬、臨喪不哀、吾何以觀之哉。

子《し》曰《いわ》く、上《かみ》に居《い》て寛《かん》ならず、礼《れい》を為《な》して敬《けい》せず、喪《も》に臨《のぞ》んで哀《かな》しまずんば、吾《わ》れ何《なに》を以《もっ》てか之《こ》れを観《み》んや。
（八佾第三）

先生は言われた。「上位にいながら寛容でない者、礼の身ぶりをしながら敬意をもたない者、葬儀に臨席しながら哀悼しない者を、私は見るに耐えない」。

寛容、敬意、哀悼はすべて人の真情の発露である。上位にふんぞりかえっているだけの高官、礼のポーズをするだけの人間、ただ葬儀に参列しているだけの人間は、うつろに型を守っているだけで、真情がこもっておらず、そんな輩《やから》は言語道断だと、孔子はつよい口調で否定する。

葬儀などの儀式はむろんのこと、さまざまな年齢の人々が共存する日常生活においても、たとえば目上の人や年長者に敬意を表すべく、動作や身ぶりを規定するなど、礼はもともと「型の方式」にほかならない。ちなみに、孔子を祖とする儒家思想では、とりわけ喪礼《そうれい》（喪中の礼法）を重視するため、後世にいたるほど規定が厳格かつ煩瑣《はんさ》になってゆく。しかし、始祖である孔子自身は、このように「型の方式」はあくまでも真情に裏打ちされた表現方法でなければならないと述べており、ひたすら型の遵守を説く後世の石頭の礼法学者とは、天と地ほども隔たりがある。

子曰、君子博學於文、約之以禮。亦可以弗畔矣夫。

子《し》曰《いわ》く、君子《くんし》は博《ひろ》く文《ぶん》に学《まな》びて、之《こ》れを約《やく》するに礼《れい》を以《もっ》てす。亦《ま》た以《もっ》て畔《そむ》かざる可《べ》し。（雍也第六）

先生は言われた。「君子はひろく文化的教養を身につけ、これを礼によって凝縮して表現したならば、道からはずれることはないだろう」。

「博《ひろ》く文《ぶん》に学《まな》び」の「文」は、古典などの文献のみならず、広く文化的な事柄を指すと思われる。まずさまざまな「文」すなわち文献や文化的事象を「博」く学んで、ゆたかな知識や教養を身につけたうえで、「礼」すなわち生活方式や身体表現により、そのエッセンスを「約」すなわち凝縮して実践する。そうすれば、道からはずれることはないと、孔子は言う。「学」と「礼」の相関関係をずばり端的に指摘した発言である。

子曰、不知命、無以爲君子也。不知禮、無以立也。不知言、無以知人也。

子《し》曰《いわ》く、命《めい》を知《し》らざれば、以《もっ》て君子《くんし》と為《な》す無《な》き也《なり》。礼《れい》を知《し》らざれば、以《もっ》て立《た》つ無《な》き也《なり》。

言《げん》を知《し》らざれば、以《もっ》て人《ひと》を知《し》る無《な》き也《なり》。（堯曰第二十）

先生は言われた。「天が自分に与えた使命や運命を知らなければ君子ではない。礼を知らなければ自立してやってゆけない。言語を知らなければ、人を認識できない」。

『論語』上下あわせて二十篇の最後に置かれた言葉（漢代のテキストの一つ、『魯論語《ろろんご》』にはこの条が欠けている）。「命《めい》」「礼《れい》」「言《げん》」を知ることが、自立した人間にとって不可欠であることを述べたものである。「命」は第一章の冒頭であげた「五十《ごじゅう》にして天命《てんめい》を知《し》る」（二一頁）と同様、天が自分に与えた使命や運命を自覚することをいい、ここでは、それが自覚できないものは、「君子」ではないとされる。ついで、節度や秩序の具体的表現である礼の方式を知らなければ、自分の位置づけができず、とても社会的に自立してゆけないとされる。さらに多種多様の人間によって構成される社会において、言語能力が乏しいと、相手がどういう人なのか、認識できないという。他者を理解し識別する手段は、その人物が何をいかに語るかを聞きとり把握するしかない。言語能力はいうまでもなくコミュニケーションの要《かなめ》である。

この条は、最初の「命《めい》を知《し》らざれば、以《もっ》て君子《くんし》と為《な》す無《な》き也《なり》」において、よき人となるための個人的自覚をうながし、これにつづく二句において、社会的人間として必要な属性を指摘するというふうに、個人から社会へと、論旨が展開されている。しかも、興味深いのは、すべて「知らなければ〜でない」というぐあいに、否定形を重ねた強調表現になっていることである。こうした否定形による強調表現は、後世、たとえば現代の毛沢東《もうたくとう》に至るまで、しばしば見られるものであり、ここに、否定形を多用する中国的レトリックの原型を見ることもできる。

❖「道」——理想社会への希求

誠実な思いやりを基本とし、節度と調和に満ちた理想社会のイメージとしての「道」を語る。

子曰、朝聞道、夕死可矣。

子《し》曰《いわ》く、朝《あした》に道《みち》を聞《き》かば、夕《ゆうべ》に死《し》すとも可《か》なり。

（里仁第四）

先生は言われた。「朝、おだやかな節度と調和にあふれる理想社会が到来したと聞いたら、その日の夜、死んでもかまわない」。

たいへん有名な言葉。上記の訳は伝統的な解釈（古注）にもとづいたものである。この言葉は、朱子《しゅし》の新注以来、「道」を倫理的・道徳的な真理ととらえ、そうした「道」について聞いたならば、すぐ死んでもかまわない、という意味だとされてきた。「道」のためなら死も厭わないという、ややヒステリックに硬直した道徳主義的色彩の濃厚な解釈である。しかし、孔子はこれまで見てきた種々の発言からうかがえるように、そんな性急さとは無縁な人だった。

こうしたことを考えあわせると、ここでいわれる「道」は、伝統的な解釈が説くように、思いやりを基本とし、おだやかな節度と調和にあふれた理想社会の実現、もしくは到来を意味すると思われる。孔子は、理想社会が容易に到来しないことを十二分に承知しながら、なおもその到来を願い、そのために尽力しつづけようとした。この言葉には、そんな孔子のつよい思いがこめられている。

ちなみに、桑原武夫著『論語』（ちくま文庫）は、この「死すとも可なり」に焦点をあてながら、次のように述べている。「立派な美しい言葉だが、孔子の時代を考えれば、ここはやはり、どこか個人の自覚といった色彩のある新注よりも、共同体的雰囲気の感じられる古注に従うほうが適切であろう。礼楽を中心とする先王の道が光被する世界へのノスタルジア、しかし、それはただ夢のような憧《あこが》れではなく、あの人にひと目会えたらすぐ死んでもいい、などというときのような切実さをもっての希求なのである」。ここには、黄金色の光彩を放つ「先王の道」と、それを切実に希求する孔子のイメージが、美しく浮き彫りにされている。まことに感動的な解釈である。

子曰、邦有道、危言危行。邦無道、危行言孫。

子《し》曰《いわ》く、邦《くに》に道《みち》有《あ》れば、言《げん》を危《たか》くし行《おこな》いを危《たか》くす。邦《くに》に道《みち》無《な》ければ、行《おこな》いを危《たか》くし言《げん》は孫《ゆず》る。（憲問第十四）

先生は言われた。「国家がまっとうな状態にあるときには、高い見地に立って率直に発言し、高い見地に立って率直に行動する。国家がまっとうな状態にないときには、高い見地に立って率直に行動し、発言はひかえめにする」。

この条に見える「道」は前条のそれより現実的な意味であり、国家が秩序や節度を保ち、まっとうに機能している状態をいう。また、「危」については、「厲《れい》（はげしい）」「高峻《こうしゅん》（たかくけわしい）」「正《せい》（ただしい）」等々、さまざまな解釈があるが、要は世俗に迎合しない、きっぱりとした態度を指す。

国家がまっとうな状態にあるときと、そうでない場合とを対比し、後者の場合は、行動はきっぱりと率直であるべきだが、発言はひかえめにしたほうがよいという、きわめて含蓄に富んだ言葉である。卑近な言い方をすれば「口は禍《わざわい》のもと」、混乱した状態にある国で、不用意な発言をして言質《げんち》をとられると、どんな目にあうか、わからない。長らく諸国を遊説行脚し、辛い経験を重ねた孔子ならではの発言である。孔子は状況を見きわめることなく、猪突猛進する無謀さを否定し、辛抱強く柔軟に理想実現の道を模索しつづけた。ここにあげた言葉は、理想社会の到来を希求する前条の言葉とも呼応するものである。

付言すれば、ここに見える「邦に道有れば……、邦に道無ければ……」という対比表現は、『論語』に頻出する。ここにも、事象をカテゴリー別に分類してとらえようとする、後世中国に顕著な思考方式、ひいては表現方式の原型を見ることができる。

子曰、士志於道、而恥惡衣惡食者、未足與議也。

子《し》曰《いわ》く、士《し》 道《みち》に志《こころざ》して、而《しか》も悪衣《あくい》悪食《あくしょく》を恥《は》ずる者《もの》は、未《いま》だ与《とも》に議《はか》るに足《た》らざる也《なり》。

（里仁第四）

先生は言われた。「道に志しながら、粗末な衣服や食物を恥ずかしがる者は、まったく問題にならない」。

「士」は本来、卿《けい》・大夫《たいふ》・士《し》・庶人《しょじん》の四身分の一つだが、ここではより広く「一人前の人間」くらいの意味で用いられている。この発言については説明するまでもないが、孔子はここで道に志す者は必ず悪衣悪食でなければならない、と述べているのではないことに、注意したい。本書の第一章で見たように、孔子は生活美学を重んじ、食生活においても繊細な美意識を発揮した人であった。

だから、ここでは弟子たちに向かって、本質的な事がらを棚上げにし、服装や食物ばかり気にして、みすぼらしくて恥ずかしいなどと思ってはいけないよ、と励ましているのである。ちなみに、孔子には武骨な高弟の子路《しろ》をとりあげ、「敝《やぶ》れたる縕袍《おんぽう》を衣《き》、狐貉《こかく》を衣《き》る者《もの》と立《た》ちて、而《しか》も恥《は》じざる者《もの》は、其《そ》れ由《ゆう》なるか」(一二八頁)とほめた言葉もある。子路の堂々たる姿は、この条における孔子の発言の意図を、みごとに実践したものにほかならない。

子曰、君子謀道不謀食。耕也餒在其中矣。學也祿在其中矣。君子憂道不憂貧。

子曰《しいわ》く、君子《くんし》は道《みち》を謀《はか》って食《しょく》を謀《はか》らず。耕《たがや》して餒《う》え其《そ》の中《うち》に在《あ》り。学《まな》びて禄《ろく》其《そ》の中《うち》に在《あ》り。君子《くんし》は道《みち》を憂《うれ》えて貧《まず》しきを憂《うれ》えず。　（衛霊公第十五）

先生は言われた。「君子は道について考えるが、食については考えない。耕作をしていてもそのなかで（飢饉のために）飢えることもある。学問をしていても俸禄がそのなかから生じることもある。君子は道を心にかけるが、貧しさは気にかけない」。

ここで孔子は、まず君子は道すなわち節度ある理想社会の実現については考えるが、食については考えないものだと述べ、なぜそうなのか、二つの例をあげて、その理由を説明する。一つは、食物と直接、結びつく農耕をしていても、飢饉の年には収穫を得られず飢える場合があること。今一つは、食物と直接、結びつかない学問をしていても、抜擢されて仕官し食の糧《かて》を得る場合があること。だから、いかにして食を得るか、あれこれ思い悩んでも仕方がないというのだ。貧しさに耐えて、学問をする弟子たちを勇気づける発言であり、将来に何の保証もないのに努力しつづける者を鼓舞する発言である。

子曰、參乎、吾道一以貫之。曾子曰、唯。子出。門人問曰、何謂也。曾子曰、夫子之道、忠恕而已矣。

子《し》曰《いわ》く、参《しん》よ、吾《わ》が道《みち》は一以《いつもつ》て之《こ》れを貫《つらぬ》く。曾子《そうし》曰《いわ》く、唯《い》。子《し》出《い》づ。門人問《もんじんと》いて曰《いわ》く、何《なん》の謂《いい》ぞや。曾子《そうし》曰《いわ》く、夫子《ふうし》の道《みち》は、忠恕《ちゅうじょ》のみ。（里仁第四）

先生は言われた。「参《しん》よ、私の道はただ一つのもので貫かれている」。曾子《そうし》は答えた。「はい」。先生が出て行かれた後、他の弟子がたずねて言った。「どういう意味ですか」。曾子は言った。「先生の道は忠恕《ちゅうじょ》（自分に対する誠実さ、他者に対する思いやり）で貫かれている、ということだよ」。

ここでいう「道」は、広く行動、態度、生きかたを指す。曾子《そうし》（子は敬称）は姓を曾、本名を参《しん》、あざなを子与《しよ》という。孔子より四十六歳年下、孔子門下における年少の弟子である。孔子がその曾子に向かって、「私の生きかたはただ一つのもので貫かれている」と言っただけで、曾子はすばやくその真意をくみとり、「唯《い》」と答える。「唯」はていねいな返事の仕方であり、「はい、さようでございます」といったニュアンスがある。それを横で聞いていた「門人」は意味がのみこめず、曾子に質問すると、曾子は「夫子《ふうし》の道《みち》は、忠恕《ちゅうじょ》のみ」と答える。門人は、門弟の意だが、ここでは曾子の弟子(孔子の孫弟子)を指すという説もある。「忠恕」は訳に付記したように、「忠」は自分に対する誠実さ、忠実さの意であり、「恕」は「忠」を他者に及ぼしたもの、すなわち思いやりや愛情である。この「忠恕」の感情を統合すると、「仁」になると思われる。孔子の原点が自他に対する誠実さと思いやりであったことを、如実に示す条である。

厩焚。子退朝曰、傷人乎。不問馬。

厩《うまや》焚けたり。子《し》　朝《ちょう》より退《しりぞ》きて曰《いわ》く、人《ひと》を傷《そこ》なえりやと。馬《うま》を問《と》わず。　（郷党第十）

(孔子の自宅の)馬屋が火事になって焼けた。先生は朝廷から退出し帰宅されて言われた。「誰かケガをしなかったか」。馬のことは聞かれなかった。

前条「夫子《ふうし》の道《みち》は、忠恕《ちゅうじょ》のみ」の実践版である。孔子が馬はさておき、まず人の身を案じたというこの話は、中国でも日本でも古来、人口に膾炙《かいしゃ》する。落語の「厩火事《うまやかじ》」はこの話を下敷きとして、ひねりをきかせたものである。落語にまで、『論語』の話が転用されるとは、『論語』がいかに日本で普及し親しまれていたか、よくわかる。

❖「文」——文化のとらえかた

歴史や文化をいかにとらえていたか。その特徴を探る。

子張問、十世可知也。子曰、殷因於夏禮。所損益、可知也。周因於殷禮。所損益、可知也。其或繼周者、雖百世可知也。

子張《しちょう》問《と》う、十世《じゅっせい》知《し》る可《べ》きや。子《し》曰《いわ》く、殷《いん》は夏《か》の礼《れい》に因《よ》る。損益《そんえき》する所《ところ》、知《し》る可《べ》き也《なり》。周《しゅう》は殷《いん》の礼《れい》に因《よ》る。損益《そんえき》する所《ところ》、知《し》る可《べ》き也《なり》。其《そ》の或《あ》るいは周《しゅう》を継《つ》ぐ者《もの》は、百世《ひゃくせい》と雖《いえど》も知《し》る可《べ》き也《なり》。
（為政第二）

子張《しちょう》が質問した。「十代さきの王朝のことを予知できるでしょうか」。先生は言われた。「殷《いん》王朝は夏《か》王朝の礼法制度をうけついだ。増したり減らしたりして変更を加えたところは、察知できるはずだ。周《しゅう》王朝は殷王朝の礼法制度をうけついだ。増したり減らしたりして変更を加えたところは、察知できるはずだ。だから、周王朝を継ぐ王朝の礼法制度は、百代さきであっても察知できるはずだ」。

子張《しちょう》は姓を顓孫《せんそん》、本名を師《し》といい（子張はあざな）、孔子より四十八歳年下、先に登場した曾《そう》子《し》よりも二歳年下で、孔子門下の最年少ともいうべき若い弟子である。その子張が十代さきの王朝のことまで予知できるかと、やや突飛な質問をした。すると、孔子はまず礼すなわち礼法制度の視点から、過去の夏《か》、殷《いん》二王朝、および現在の周《しゅう》王朝の三代をとりあげ、三代はそれぞれ前代王朝の礼法制度をうけつぎ変更を加えたものだから、おまえ（子張）にもそのありかたが察知できるはずだという。かくて、孔子はこれを土台として考えれば、周王朝を継ぐ後世の王朝は、十代はおろか百代でも察知できるはずだとの結論を引き出す。まず既定の過去および現在の王朝をとりあげ、そこで明らかになったことを、未来の王朝に推しひろげてゆく論法である。

すでに多くの論者が指摘するように、この発言は、孔子には、部分的な変更や修正をともないつつ、歴史は無限に連続し発展するものだという、確信に満ちた歴史観があったことを示している。悲観的な終末論などとはおよそ無縁な、明るく大らかな歴史観である。大災害、原発事故、グローバルな大不況等々、ともすれば暗い終末論に傾斜しがちな現代において、こうした孔子の歴史観は、ささくれだった人の心を癒すものがある。いうまでもなく、孔子自身、下剋上に揺れ、先の見えない乱世のただなかを生きた人であった。その孔子があえてこうした歴史観を標榜したことは、まことに意味深い。

付言すれば、この発言に見える、夏《か》王朝は中国最初の王朝とされるが、長らく実在が確認されなかった。しかし、近年、あいついでその遺跡が発見され、その実在が立証されつつある。夏につぐ殷《いん》王朝は目下のところ実在が確認される最古の王朝であり、紀元前一六〇〇年ごろに成立、紀元前一〇五〇年ごろ、周《しゅう》の武《ぶ》王に滅ぼされた。かくて、成立した周王朝は、紀元前七七〇年以降、衰微して名目的な存在となり、じっさいには各地に依拠する諸侯が覇権を争う春《しゅん》秋《じゅう》（前七七〇—前四〇三）、戦国《せんごく》（前四〇三—前二二二）の乱世が四百数十年にわたってつづく。孔子はこの春秋時代後半を生きたのである。

　子曰、周監於二代。郁郁乎文哉。吾従周。

子《し》曰《いわ》く、周《しゅう》は二《に》代《だい》に監《かんが》む。郁郁乎《いくいくこ》として文《ぶん》なる哉《かな》。吾《わ》れは周《しゅう》に従《したが》わん。　（八佾第三）

先生は言われた。「周《しゅう》王朝は二代（夏《か》王朝と殷《いん》王朝）を参考にしてつくられ、かぐわしくもうるわしい。私は周の文化に従いたい」。

孔子は、甥の成王《せい》を輔佐して周《しゅう》の礼法や制度を定めた周公旦《しゅうこうたん》を終生、敬愛しつづけた（八頁、一八六頁）。その周公旦が基礎を築いた周初のかぐわしい文化こそ、孔子の理想だったのである。周の文化を指して、「郁郁《いくいく》乎として文《ぶん》なる哉《かな》」とする表現は、かぐわしい香気に満ちたその文化のありようを、まざまざと実感させ、まことに美しい。

子曰、質勝文則野。文勝質則史。文質彬彬、然後君子。

子《し》曰《いわ》く、質《しつ》 文《ぶん》に勝《か》てば則《すなわ》ち野《や》。文《ぶん》 質《しつ》に勝《か》てば則《すなわ》ち史《し》。文質彬彬《ぶんしつひんぴん》として、然《しか》る後《のち》に君《くん》子《し》。（雍也第六）

先生は言われた。「素朴さが文化的要素をしのぐと野蛮になり、文化的要素が素朴さをしのぐと自然さがなくなる。素朴さと文化的要素の均衡がとれてこそ君子だ」。

「質《しつ》」は素朴さ、「文《ぶん》」は装飾や技巧などの文化的要素。「野《や》」は野蛮、「史《し》」はここでは文にかたより自然さがなくなること、「彬彬《ひんぴん》」は均衡のとれたさまをいう。孔子はここで「文」と

「質」が調和し、バランスがとれてこそ君子だというのである。文化的素養を存分に身につけながら、人間としての自然な素朴さを失わないこと。それはいつの時代においても、誰にとっても忘れてはならないことであろう。

❖「鬼神」――不可知なものとの距離

非合理的な神秘主義に対し、厳然と距離をおく。

子不語怪力亂神。（述而第七）

子《し》は怪《かい》・力《りき》・乱《らん》・神《しん》を語《かた》らず。

先生は怪《かい》（怪異）、力《りき》（超人的な力）、乱《らん》（混乱、無秩序）、神《しん》（鬼神）について語られなかった。

幽霊や妖怪変化などの怪異現象、千鈞《きん》の鼎《かなえ》（非常に重い物のたとえ）を持ち上げるような超人的な腕力、人力では収拾不能の大混乱、鬼神（鬼は死者の霊魂、神は天の神。両方を合わせて神々の意)、この四つの不可知の事について、孔子はまっこうから否定はしないが、厳然と距離をおき、けっして言及しなかったというもの。この言葉は、孔子が語の真の意味における合理的な現実主義者《リアリスト》であったことを示す。なお、この「怪力乱神」を二字ずつ区切り、怪力(異様に強い力)、乱神(邪神)と読む説もあるが、一字ずつ区切って読む従来の説によった。

樊遲問知。子曰、務民之義、敬鬼神而遠之。可謂知矣。問仁。曰、仁者先難而後獲。可謂仁矣。

樊遲《はんち》　知《ち》を問《と》う。子曰《しいわ》く、民《たみ》の義《ぎ》を務《つと》め、鬼神《きしん》を敬《けい》して之《こ》れを遠《とお》ざく。知《ち》と謂《い》う可《べ》し。仁《じん》を問《と》う。曰《いわ》く、仁者《じんしゃ》は先《ま》ず難《なや》んで後《のち》に獲《う》。仁《じん》と謂《い》う可《べ》し。(雍也第六)

樊遲《はんち》が知について質問した。先生は言われた。「人としての道理を得るようにつとめ、鬼神には敬意を表するが距離を置く。これが知だ」。さらに仁について質問すると、先生は言われた。「仁徳をそなえた人はまずいろいろ苦労をしたあげく、目的に達する。これが仁だ」。

樊遲《はんち》は姓を樊、本名を須《しゅ》、あざなを子遲《しち》といい、孔子より三十六歳年下の弟子である。あまり頭の回転が速いほうでなく、別の条ではピントはずれの質問をし、「小人《しょうじん》なる哉《かな》　樊須《はんしゅ》（つまらん男だな、樊須は）」と、孔子を嘆かせたりもしている。

その樊遅が「知」とは何ですかと質問すると、孔子はその答えの一つとして、前条よりいっそうはっきりと、鬼神には敬意を表するけれども、距離をおくことだと述べる。なお、この先にあげる「知」のもう一つの説明である「民《たみ》の義《ぎ》を務《つと》め」については、「民」を「人民」ととり、為政者が「人民を教化する道につとめる」ことだとするなど、さまざまな説があるが、ここでは広く「民」を「人、人間」とする説によった。さらに付言すれば、樊遅のあとの質問、すなわち「仁」とは何かという質問に対する孔子の答えについても、いろいろな読みかたがある。上記の訳は、従来の読みかたに従ったものである。

実は、『論語』のなかにこのほかもう一か所、樊遅が孔子に「仁」と「知」について質問した話が見える。「樊遅《はんち》　仁《じん》を問《と》う。子曰《しいわ》く、人《ひと》を愛《あい》す。知《ち》を問《と》う。子曰《しいわ》く、人《ひと》を知《し》る（以下略）」（一四〇頁）というものだ。この孔子の答えはここにあげた条の説明とは、異なる視点からなされている。ここにも仁や知などの基本的な理念について、抽象的な定義づけや論理化を好まず、会話の相手やその場の雰囲気によって、自在に視点を変え、具体例をあげながら語る孔子の姿が見てとれる。

季路問事鬼神。子曰、未能事人、焉能事鬼。敢問死。曰、未知生、焉知死。

季路《きろ》　鬼神《きしん》に事《つか》えんことを問《と》う。子《し》曰《いわ》く、未《いま》だ人《ひと》に事《つか》うる能《あた》わず、焉《いずく》んぞ能《よ》く鬼《き》に事《つか》えん。敢《あ》えて死《し》を問《と》う。曰《いわ》く、未《いま》だ生《せい》を知《し》らず、焉《いずく》んぞ死《し》を知《し》らん。（先進第十一）

季路《きろ》（子路《しろ》）が鬼神《きしん》へのつかえかたを質問した。先生は言われた。「生きている人間につかえることもできないのに、どうして鬼《き》（死んだ人の霊魂）につかえることができようか」。（子路がさらに）果敢にも死について質問した。（先生は）言われた。「生きている間のこともわからないのに、どうして死んだあとのことがわかるか」。

季路《きろ》は、やんちゃで純情な高弟子路《しろ》のもう一つのあざなともいう。子路がまず「鬼神《きしん》」へのつかえかたをたずねたのに対し、孔子は上記のように答えて、不可知の世界に踏みこまない姿勢をきっぱりと明らかにする。なお、鬼神は先にあげた条で付記したように、本来、「鬼」が死者の霊魂、「神」が天の神を指すが、孔子の答えはもっぱら「鬼」に焦点をあてたものである。こうして不可知の世界に踏みこむなと諭されながら、やや繊細さに欠ける子路はさらに突っこんで、死について質問し、「未《いま》だ生《せい》を知《し》らず、焉《いずく》んぞ死《し》を知《し》らん」と一蹴されるにいたる。

この発言はこの先にあげた二条の発言とともに、孔子が不可知の世界にはけっして踏みこまず、厳然と距離をおく、現実重視のリアリストだったことを示すものとして知られ、宋代儒学における無神論の有力な論拠となった。

子疾病。子路請禱。子曰、有諸。子路對曰、有之。誄曰、禱爾于上下神祇。子曰、丘之禱久矣。

子《し》の疾《やまい》病《へい》なり。子路《しろ》禱《いの》らんことを請《こ》う。子《し》曰《いわ》く、諸《これ》有《あ》りや。子路《しろ》対《こた》えて曰《いわ》く、之《こ》れ有《あ》り。誄《るい》に曰《いわ》く、爾《なんじ》を上下《しょうか》の神祇《しんぎ》に禱《いの》ると。子《し》曰《いわ》く、丘《きゅう》の禱《いの》ること久《ひさ》し。（述而第七）

先生が病気で重態になられたので、子路《しろ》は祈禱させてほしいと頼んだ。先生は言われた。「そんな例があるか」。子路は答えて言った。「あります。誄《るい》に「爾《なんじ》を天地の神々に禱《いの》る」とあります」。先生は言われた。「私（丘《きゅう》は孔子の本名）はずっと前から祈っているよ」。

これは諸家が述べるように、孔子の臨終の言葉ではない。というのも、子路《しろ》は孔子が七十三歳で死去する前年の紀元前四八〇年、戦死しているのである。それ以前、正確な時期は不明だが、孔子が重態になったことがあり、焦った子路は祈禱したいと願いでた。孔子の弟子になる前は遊俠の徒だった子路には、おそらく民間の怪しげなお祓《はら》いの類に頼る気質も残っていたのかもしれない。子路の申し出をうけた孔子が冷静に先例はあるかとたずねると、子路は「誄《るい》」の文句をもちだす。ちなみに、「誄」はもともと死者を称える文章のスタイルであり、ここで引き合いに出すのはふさわしくない。というわけで、子路の引いた「誄」が何なのか、よくわからないのだが、ともあれ、子路が唱える「誄」の「爾《なんじ》を上下《しょうか》の神祇《しんぎ》に禱《いの》る」という文句を聞いた孔子は、「丘《きゅう》の禱《いの》ること久《ひさ》し」と言い、ことごとしい祈禱を断固としてはねつけたというわけだ。

現実主義者の孔子は神秘的な祈禱の類は否定したが、仁を核とする節度ある社会の到来を祈願し、尽力しつづけた。その意味において「丘《きゅう》の禱《いの》ること久《ひさ》し」の生涯にほかならなかった。孔子の生涯が凝縮された美しい言葉である。

❖「狂」——過剰なる者への好意

不可知の世界には距離をおいたが、現実世界において過剰性を帯びた人々には好意的だった。

子曰、狂而不直、侗而不愿、悾悾而不信。吾不知之矣。

子《し》曰《いわ》く、狂《きょう》にして直《ちょく》ならず、侗《とう》にして愿《げん》ならず、悾悾《こうこう》にして信《しん》ならず。吾《わ》れ之《こ》れを知《し》らず。（泰伯第八）

先生は言われた。「情熱的なのに真正直でない者、子どもっぽいのに真面目でない者、ばか正直なのに誠実でない者を、私は見たことがない」。

狂（狂おしいほど情熱的であること）、侗《とう》（愚かしいほど子どもっぽいこと）、悾悾《こうこう》（ばか正直であること）は、いずれも過剰にあふれ、バランスを欠いた性癖を指す。しかし、そうした一種、常識の枠からはずれた人々は、狂なる者は真正直、侗なる者は真面目、悾悾なる者は誠実という具合に、必ず人を裏切らない美点をもっていると、孔子はいう。一見、バランスのとれた中庸《ちゅうよう》のみを重んじる印象のつよい孔子が、このように真情あふれる過剰さを肯定し、共感を寄せているのは、孔子という人物の振幅の大きさを示すものとして、はなはだ興味深い。

子曰、不得中行而與之、必也狂狷乎。狂者進取。狷者有所不爲也。

子曰《しいわ》く、中行《ちゅうこう》を得《え》て之《こ》れと与《とも》にせずんば、必《かなら》ずや狂狷《きょうけん》か。狂者《きょうしゃ》は進《すす》み取《と》る。狷者《けんしゃ》は為《な》さざる所有《ところあ》る也《なり》。　（子路第十三）

先生は言われた。「バランスのとれた中庸の人物をみつけ、ともに行動することができないときは、狂なる者（過剰に情熱的な人間）か狷《けん》なる者（片意地で偏屈な人間）と行動をともにするしかないだろう。狂者は積極的に行動し、狷者は断固として妥協しない」。

前条と同様、常識の枠からはずれた狂者《きょうしゃ》および狷者《けんしゃ》を価値的な存在としてとらえた発言である。穏やかにバランスのとれた中庸の人物がいない場合は、という条件付きではあるものの、孔子が、可もなく不可もない迎合的な常識人よりは、真情あふれる過剰さ、主体性過剰の奇矯さを帯びた人々に、むしろ親近感をおぼえていたことがわかる。孔子の内に秘めた激しさがうかがえる発言であり、「子《し》は温《おだ》やかにして而《しか》も厲《はげ》し」（一四四頁）という弟子の言葉が思いおこされる。

2　政治理念と理想の人間像

政治とは何か

多様な角度から政治理念を語る。

子曰、爲政以徳、譬如北辰、居其所、而衆星共之。

子《し》曰《いわ》く、政《まつりごと》を為《な》すに徳《とく》を以《もっ》てせば、譬《たと》えば北辰《ほくしん》の、其《そ》の所《ところ》に居《い》て、衆星《しゅうせい》の之《こ》れに共《むか》うが如《ごと》し。（為政第二）

先生は言われた。「政治をおこなうのに徳によったならば、北極星がじっとその場にいて、他の多くの星がこれに向かっておじぎをするように、調和がもたらされるだろう」。

おだやかに徳性を発揮して頂点に立つ者を、みずからは動かず、中心で光彩を放つ北辰《ほくしん》（北極星）にたとえ、臣下を北辰の周囲に位置する多くの星にたとえながら、徳にもとづく政治が調和をもたらすさまを美しく描いたものである。

「衆星《しゅうせい》の之《これ》に共《むか》うが如《ごと》し」について、吉川幸次郎著『論語』（朝日新聞社）は次のように述べる。「共は拱《きょう》の音通であるとし、星たちが北極星の方に向かっておじぎをし、挨拶をしていると、説く漢の鄭玄《じょうげん》の説を、私はとりたい。砂子をまきちらしたように、大空いっぱいにひろがる星が、北極星に向かって、おじぎ、といっても、それはからだを折りまげたことごとしいおじぎでなく、今の中国人がよくするように、軽く両手を前に組合わせてのおじぎをしている、というのは、道徳による政治の効果の比喩として、美しいイメージである」。みごとな解釈である。

現代では、政治といえば、状況も異なり問題も山積していることもあって、ひたすら喧噪の印象がつよいが、この言葉にはそれとは天と地ほども隔たった、見果てぬ夢にも似た静かな充足感が漂う。

哀公問曰、何爲則民服。孔子對曰、擧直錯諸枉、則民服。擧枉錯諸直、則民不服。

哀公《あいこうと》問いて曰《いわ》く、何《なに》を為《な》さば則《すなわ》ち民服《たみふく》せん。孔子《こうし》対《こた》えて曰《いわ》く、直《なお》きを挙《あ》げて諸《これ》を枉《まが》れるに錯《お》けば、則《すなわ》ち民服《たみふく》す。枉《まが》れるを挙《あ》げて諸《これ》を直《なお》きに錯《お》けば、則《すなわ》ち民服《たみふく》せず。（為政第二）

哀公《あい》がたずねた。「どうすれば民衆は従うでしょうか」。孔子は答えて言った。「正しい者を抜擢して不正な者の上におけば、民衆は従います。不正な者を抜擢して正しい者の上におけば、民衆は従いません」。

哀公《あい》は孔子の母国魯《ろ》の君主で、紀元前四九四年から四六八年まで在位した。紀元前四八四年、孔子は長かった諸国放浪の旅に終止符を打ち、魯に帰国した。ときに六十八歳。孔子が死去したのは紀元前四七九年、七十三歳のときだから、この問答は孔子の帰国後、死去するまでの五年の間になされたものである。

農民反乱が頻発した当時、不安に駆られた哀公が深い学識経験を備えた孔子に問いかけたとおぼしい。これに対して孔子は、最大の問題は直接、民衆と関わる役人の資質にあるとする。すなわち、正直でまっすぐな人物を抜擢して不正な役人の上位におけば、歪んだ不正な役人もまっすぐに矯正され、民衆も納得して従う。しかし、逆のやりかたをすれば、まっすぐな役人も歪んでしまい、民衆は満足せず従わないであろう、と助言したのである。理想的な政治のありかたを、美しいイメージをもって語った前条に比べれば、はるかに現実的な視点からなされた政治観だといえよう。

或謂孔子曰、子奚不爲政。子曰、書云、孝乎惟孝、友于兄弟、施於有政。是亦爲政。奚其爲爲政。

或《ある》ひと孔子《こうし》に謂《い》いて曰《いわ》く、子奚《しな》んぞ政《まつりごと》を為《な》さざる。子曰《しいわ》く、書《しょ》に云《い》う、孝《こう》なるかな惟《こ》れ孝《こう》、兄弟《けいてい》に友《ゆう》なり、有政《ゆうせい》に施《ほどこ》すと。是《こ》れ亦《ま》た政《まつりごと》を為《な》すなり。奚《な》んぞ其《そ》れ政《まつりごと》を為《な》すことを為《な》さん。

（為政第二）

ある人が孔子にたずねて言った。「あなたはどうして政治に関わらないのですか」。先生は言われた。「『書経《しょきょう》』に「ひたすら親孝行であり、兄弟仲睦まじければ、政治に貢献したことになる」とあります。これもまた政治にたずさわることです。何もわざわざ国の政治に関わる必要はありません」。

父母を大切にし、兄弟仲よくして、家庭内の秩序をきちんと保つこともまた政治であり、大きな視点からみれば、国の政治に結びつく。だから、わざわざ政治家になって国の政治にたずさわるまでもないと、孔子は明言する。自分自身を起点とし、家庭、国家、天下へと秩序性を拡大してゆく、儒家思想・儒教の根本的な政治理念である「修身《しゅうしん》・斉家《せいか》・治国《ちこく》・平天下《へいてんか》」（『大学』）の原型が読みとれる発言である。なお、ここで孔子が引用している『書経《しょきょう》』の文章は、現存する『書経』には見られない。このため、どこまでを『書経』の引用とするかによって、説が分かれるが、ここでは通説に従った。

子貢問政。子曰、足食、足兵、民信之矣。子貢曰、必不得已而去、於斯三者何先。曰、去兵。子貢曰、必不得已而去、於斯二者何先。曰、去食。自古皆有死。民無信不立。

子貢《しこう》　政《まつりごと》を問《と》う。子曰《しいわ》く、食《しょく》を足《た》らしめ、兵《へい》を足《た》らしめ、民之《たみこ》れを信《しん》ず。子貢曰《しこういわ》く、必《かなら》ず已《や》むを得《え》ずして去《さ》らば、斯《こ》の三者《さんしゃ》に於《お》いて何《なに》をか先《さき》にせん。曰《いわ》く、兵《へい》を去《さ》らん。子《し》貢曰《こういわ》く、必《かなら》ず已《や》むを得《え》ずして去《さ》らば、斯《こ》の二者《にしゃ》に於《お》いて何《なに》をか先《さき》にせん。曰《いわ》く、食《しょく》を去《さ》らん。古《いにしえよ》自り皆《み》な死《し》有《あ》り。民《たみ》　信《しんな》無くんば立《た》たず。

（顔淵第十二）

子貢《しこう》が政治についてたずねた。先生は言われた。「食糧を充分にし、軍備を充分にし、民衆が信頼感をもつことだ」。子貢は言った。「どうしてもやむをえず、どれかを捨てねばならないときは、この三つのうち、どれを先にしたらいいでしょうか」。先生は言われた。「軍備を捨てることだ」。子貢は言った。「どうしてもやむをえず、どちらかを捨てねばならないとき、残る二つのうち、どれを先にしたらいいでしょうか」。先生は言われた。「食糧を捨てることだ。昔から誰でもみな死ぬ運命にある。民衆は信頼感がなければ、立ちゆかないものだ」。

秀才の高弟子貢《しこう》の鋭い質問に対して、孔子は一つ一つていねいに答え、政治をおこなう場合、何よりも大事なのは、民衆の信頼を得ることだと強調する。ここで孔子の描く信頼感をもって存立する民衆のイメージは、この項の最初にあげた徳あふれる為政者の姿と呼応するものである。孔子はこうした一種、現実ばなれのした政治理想をかかげて、みずからの主張に共鳴してくれる君主を求め、弱肉強食、下剋上に揺れる春秋《しゅんじゅう》の乱世のさなか、長らく諸国を遊説してまわった。孔子は不可知な世界には踏み込まない合理的な現実主義者《リアリスト》である一方、現実をいささかでも節度ある理想社会に近づけたいと、あくまでも夢を追いつづける大いなるロマンティストでもあった。

理想の境地

学問、生きかた、社会との関わりかた等々において、理想とする境地を語る。

子曰、述而不作。信而好古。竊比於我老彭。

子曰《しいわ》く、述《の》べて作《つく》らず。信《しん》じて古《いにしえ》を好《この》む。竊《ひそ》かに我《わ》が老彭《ろうほう》に比《ひ》す。（述而第七）

先生は言われた。「祖述して創作はしない。古《いにしえ》の文化のすばらしさを確信して心から愛する。こうした自分をひそかに老彭《ろうほう》になぞらえている」。

さまざまな叡智の結晶である過去の文化や学問を受け継ぎ、そのエッセンスを吸収するけれども、独創による創作はしないという、姿勢を示したものである。なるほど、孔子は『詩経《しきょう》』や『書経《しょきょう》』などの古典を整理・編纂したとされるが、みずからの著書を残していない。『論語』はいうまでもなく弟子たちがまとめた孔子の言行録である。ここで、そうした自分の姿勢や方法を「老彭《ろうほう》」になぞらえるとしているが、老彭は殷《いん》代の賢者で、七百六十七歳まで生きた仙人のような人物とされるが、詳しいことはわからない。

より広い意味で受けとめれば、この言葉は誰にとっても示唆的なものを含む。長い時間を超えて伝えられてきた古典には、いつの世にも人の心をとらえるつよい力がある。だから、すぐに色あせる新奇なものを追い求めるより、いつまでも色あせず、いきいきとした魅力を保つ古典をじっくり味読したいものである。

子曰、志於道、據於徳、依於仁、游於藝。

子曰《しいわ》く、道《みち》に志《こころざ》し、徳《とく》に拠《よ》り、仁《じん》に依《よ》り、芸《げい》に游《あそ》ぶ。（述而第七）

先生は言われた。「大いなる道に志し、徳を根本とし、仁をよすがとし、六芸《りくげい》の世界に遊ぶ」。

孔子の理想とする境地を述べたもの。道すなわち理想社会の実現をめざすにあたって、まず徳を根本として立脚点を定め、仁すなわち誠実な思いやりを身につけて、六芸《りくげい》の世界に自在に遊ぶ、というのである。六芸とは、礼《れい》・楽《がく》（音楽）・射《しゃ》（弓射《きゅうしゃ》）・御《ぎょ》（馬車を駆ること）・書《しょ》（書法）・数《すう》（算術）を指し、ひとかどの人間が身につけるべき基本的な教養とされる。孔子はこのように道、徳、仁といった精神性と同時に、礼儀作法、音楽、スポーツなど、身体性と関わる項目を含む六芸の世界に遊ぶことを理想とした。ここには精神性と身体性が車の両輪のように共存する、たくましくもすこやかな人間のイメージが浮き彫りにされている。

子曰、興於詩、立於禮、成於樂。

子曰《しいわ》く、詩《し》に興《おこ》り、礼《れい》に立《た》ち、楽《がく》に成《な》る。（泰伯第八）

先生は言われた。「『詩経《しきょう》』を学ぶことによって精神や感情を高揚させ、礼法を学ぶことによって自立し、音楽によって教養を完成させる」。

身につけるべき教養の順序を述べた言葉。『詩経《しきょう》』はもともと三千篇以上あった歌謡のなかから、孔子が三百五篇を選定したとされる歌謡集で、孔子儒家集団の教科書だった。教養の第一にあげられるのは、この『詩経』を学んで、精神や感情を思いきり高揚させ、熱い思いや志を実感することであり、第二にあげられるのは、礼法を実地に学んで、家や社会における自分の位置づけを知り、社会的に自立することである。かくて、最終段階において、美しい音楽に耳を傾け、すべてが調和した境地に浸ることができれば、教養は完成するというのである。

孔子は非常に音楽を好み、斉《せい》の国で韶《しょう》（聖天子舜《しゅん》の時代の管弦楽）の演奏を聴いて、三か月間も肉の味がわからないほど陶然とし、「図《はか》らざりき　楽《がく》を為《な》すことの斯《ここ》に至《いた》るや」（二〇九頁）と、述懐した話もある。

付言すれば、すでに第一章(一二頁)でとりあげたように、孔子は息子の孔鯉《こうり》に「詩《し》を学《まな》ばずば、以《もっ》て言《い》う無《な》し」と告げて、まず『詩経』を学ぶようにすすめ、ついで「礼《れい》を学《まな》ばずば、以《もっ》て立《た》つ無《な》し」と告げて、礼を学ぶようにすすめている。ここには音楽への言及はないものの、第一に『詩経』、第二に礼、というのは、教養を身につけるための既定の順序だったことがわかる。

子曰、篤信好學、守死善道。危邦不入。亂邦不居。天下有道則見、無道則隱。邦有道、貧且賤焉、恥也。邦無道、富且貴焉、恥也。

子曰《しいわ》く、篤《あつ》く信《しん》じて学《がく》を好《この》み、死《し》を守《まも》って道《みち》を善《よ》くす。危邦《きほう》には入《い》らず。乱邦《らんほう》には居《お》らず。天下《てんか》に道有《みちあ》れば則《すなわ》ち見《あらわ》れ、道無《みちな》ければ則《すなわ》ち隠《かく》る。邦《くに》に道有《みちあ》るに、貧《まず》しくして且《か》つ賤《いや》しきは、恥也《はじなり》。邦《くに》に道無《みちな》きに、富《と》み且《か》つ貴《とうと》きは、恥也《はじなり》。

(泰伯第八)

先生は言われた。「確信をもって学問を愛し、命あるかぎり正しい道の実現のために尽くす。危機に瀕した国には足を踏み入れず、混乱した国にはとどまらない。天下に道義が行われている場合には、世に出て活動するが、天下に道義が失われている場合には、隠棲する。国に道義が行われているときに、(世に出て活動せず)貧しくて低い地位にいるのは恥辱である。国に道義が行われないときに、裕福で高い地位にいるのは恥辱である」。

第二句の「死《し》を守《まも》って道《みち》を善《よ》くす」については、「守《まも》って善《よ》き道《みち》に死《し》す」すなわち「守りつづけて善き道において死ぬ」とする読みかたがある。たしかに孔子は、これにつづく文章からも明らかなように、「命がけ」といった発想をしない人である。ここでは、「死を守って道を善くす」と訓読したうえで、「死を守って」を死ぬまで、つまり命あるかぎり、と読んでおきたい。

「確信をもって学問を愛し、命あるかぎり正しい道の実現のために尽くす」ことを理想的目標としたうえで、後の文章で、危険で混乱した国を避け、秩序のある時代には積極的に世に出て活動するが、無秩序な時代には隠棲する等々、この理想を達成するための臨機応変、柔軟な生きかたを述べる。かくして記される末尾の二句、「邦《くに》に道有《みちあ》るに、貧《まず》しくして且《か》つ賤《いや》しきは、恥也《はじなり》。邦《くに》に道無《みちな》きに、富《と》み且《か》つ貴《とうと》きは、恥也《はじなり》」は明快このうえなく、孔子がけっして偏狭な清貧至上主義者でなかったことを、あますところなく示している。

第三章　弟子たちとの交わり

弟子たちとともに(『聖蹟之図』)

1　教育者としての孔子

憤せずんば啓せず

それぞれユニークな個性をもつ弟子たちの自発性、内発性を重んじる。

子曰、君子不重則不威。學則不固。主忠信、無友不如己者。過則勿憚改。

子曰《しいわ》く、君子《くんし》は重《おも》からざれば則《すなわ》ち威《い》あらず。学《まな》べば則《すなわ》ち固《こ》ならず。忠信《ちゅうしん》を主《しゅ》とし、己《おのれ》に如《し》かざる者《もの》を友《とも》とすること無《な》かれ。過《あやま》てば則《すなわ》ち改《あらた》むるに憚《はばか》ること勿《な》かれ。（学而第一）

先生は言われた。「君子は重々しくなければ威厳がない。学問をすれば、頑固でなくなる。真心と誠実さを主とし、自分より劣る者を友人にするな。過ちをおかしたならば、ためらわずに改めよ」。

「忠信を主とし……」以下の句は、まったく同じ表現が「子罕《しかん》第九」にも見える。おそらく孔子はこう告げて、しばしば弟子たちに注意をうながしたのであろう。重々しくなければ威厳がないが、だからといって自分の考えに固執し、融通性がないのは問題だ。さまざまな形で学問をすれば、考えかたが柔軟になり、頑固でなくなる。対人関係においては、忠（真心）と信（誠実さ）を核とし、その気持ちを理解してくれる、自分と同等、もしくは自分に勝る者を友人とせよ。過失を犯したときには弁解せず、素直に改めよ。

これらの文章は、一見、つながりのない断片的な発言のように見えるところから、別々のときに言った言葉をまとめて収録したという説もある。しかし、多様な角度から、君子（ひとかどの人間）に不可欠な条件を述べたものと読めば、すんなり腑に落ちる。ことに、末句の「過《あやま》てば則《すなわ》ち改《あらた》むるに憚《はばか》ること勿《な》かれ」は、孔子自身、まちがったと思ったときには、あっさり「前《ぜん》言《げん》は之《こ》れに戯《たわ》むるるのみ」（一六六頁）と、非を認める人物だったことを思うと、いかにも実感がこもっており、孔子がみずからの経験をふまえて、弟子たちに向き合う教育者だったことがよくわかる。

子曰、不憤不啓。不悱不發。擧一隅不以三隅反、則不復也。

子《し》曰《いわ》く、憤《ふん》せずんば啓《けい》せず。悱《ひ》せずんば発《はっ》せず。一隅《いちぐう》を挙《あ》げて三隅《さんぐう》を以《もっ》て反《かえ》らざれば、則《すなわ》ち復《ま》たせざる也《なり》。（述而第七）

先生は言われた。「知りたい気持ちがもりあがってこなければ、教えない。言いたいことが口まで出かかっているようでなければ、導かない。物事の一つの隅を示すと、残った三つの隅にも反応して答えてこないようなら、同じことを繰り返さない」。

孔子の基本的な教育方針を述べたもの。「憤《ふん》」とは心が疑問でふくれあがること、「悱《ひ》」は言いたいことが口まで出かかっているのに、うまく表現できないことをいう。最後の「一隅《いちぐう》を挙《あ》げて三隅《さんぐう》を以《もっ》て反《かえ》らざれば……」は、弟子が対象についてまだ充分に理解できず、習熟していないことを示し、そんな場合は時期尚早だと判断して、繰り返し教えないという意味である。この発言は、孔子が強制的かつ画一的な詰めこみ教育を否定し、あくまでも弟子それぞれの自発性を重視して、彼ら自身の知への欲求がおのずと高まるのを待つ、大いなる教師だったことを示す。二千五百年後の現代においても、否、むしろ現代においてこそ、深い意味をもつ血の通った教育論だといえよう。

子曰、不曰如之何、如之何者、吾末如之何也已矣。

子《し》曰《いわ》く、之《こ》れを如何《いかん》、之《こ》れを如何《いかん》と曰《い》わざる者《もの》は、吾《わ》れは之《こ》れを如何《いかん》ともする末《な》きのみ。

（衛霊公第十五）

先生は言われた。「『どうしよう、どうしよう』と悩まない者を、私はどうしてやることもできない」。

前条と同様、孔子が弟子自身の問題意識や知への欲求を最重視したことを、より明確に述べた言葉である。「如何《いかん》」という語に焦点をあて、「如何、如何」と言わない者に対しては、自分は「如何ともする末《な》きのみ」とする表現には、ユーモラスな機智の閃きがあり、孔子の言語感覚の鋭さがうかがえる。

2　大いなる弟子たち

一説では、孔子には七十七人の高弟がいたとされる。『論語』にも、「徳行《とくこう》には、顔淵《がんえん》、閔子騫《びんしけん》、冉伯牛《ぜんはくぎゅう》、仲弓《ちゅうきゅう》。言語《げんご》には、宰我《さいが》、子貢《しこう》。政事《せいじ》には、冉有《ぜんゆう》、季路《きろ》。文学《ぶんがく》には、子游《しゆう》、子夏《しか》」(先進《せんしん》第十一)と、徳行、言語(弁論)、政事(政治)、文学(学問)の四つのジャンル(孔門四科《こうもんしか》と称される)において、それぞれすぐれた高弟十人の名を列挙したくだりがある。とりわけ、顔回《がんかい》あざな子淵《しえん》(顔淵とも称される)、端木賜《たんぼくし》あざな子貢、仲由《ちゅうゆう》あざな子路《しろ》(別のあざなが季路)の三人は特記すべき存在であり、孔子に深く愛され信頼された。

❖ 顔回——「賢《けん》なる哉《かな》」、最愛の弟子

子曰、吾與回言終日、不違如愚。退而省其私、亦足以發。回也不愚。

子《し》曰《いわ》く、吾《わ》れ回《かい》と言《い》うこと終日《しゅうじつ》、違《たが》わざること愚《ぐ》なるが如《ごと》し。退《しりぞ》きて其《そ》の私《わたくし》を省《かえ》りみれ

ば、亦《ま》た以《もっ》て発《はっ》するに足《た》れり。回《かい》や愚《ぐ》ならず。

（為政第二）

先生は言われた。「顔回《がんかい》と朝から晩まで話をしていると、はいはいと逆らわないさまはバカのようだ。しかし、私の前からしりぞいた後の私生活を見ると、やはり人をハッとさせるものがある。顔回はバカじゃない」。

孔子より三十歳年少の顔回《がんかい》は孔子最愛の弟子であった。『論語』において、孔子はしばしば顔回に言及しているが、ほとんど絶賛ばかりである。顔回は子貢《しこう》のように才気煥発、目から鼻へぬけるような秀才型ではなく、この条の孔子の言葉からうかがえるように、一見、愚者のように茫洋としたタイプだった。まさに「大智《だいち》は愚《ぐ》の如《ごと》し（大いなる智者は愚か者のようだ）」（北宋の蘇東坡《そとうば》の言葉）そのものである。孔子自身は頭の回転の速い、才気煥発の人であり、それなるがゆえにいっそう、悠揚迫らぬ雰囲気をもつ顔回に魅かれたのかもしれない。他の高弟たちも顔回の長所は充分、認めてはいたものの、あまりに孔子が肩入れするために、稚気あふれる子路《しろ》などは嫉妬して、露骨に張り合う微笑ましい場面も見られる（一〇七頁）。

子曰、賢哉回也。一箪食、一瓢飲、在陋巷。人不堪其憂。回也不改其樂。賢哉回也。

子《し》曰《いわ》く、賢《けん》なる哉《かな》 回《かい》や。一簞《いったん》の食《し》、一瓢《いっぴょう》の飲《いん》、陋巷《ろうこう》に在《あ》り。人《ひと》は其《そ》の憂《うれ》いに堪《た》えず。回《かい》や其《そ》の楽《たの》しみを改《あらた》めず。賢《けん》なる哉《かな》 回《かい》や。（雍也第六）

先生は言われた。「えらい男だな、顔回《がんかい》は。弁当箱に一杯のごはん、ひさごのお椀に一杯の飲み物だけで、狭い路地裏に住んでいる。ふつうの人間ならうんざりして耐えられないが、顔回はその暮らしの楽しさを改めようとはしない。えらい男だよ、顔回は」。

顔回《がんかい》を称賛したたいへん有名な言葉である。「一簞《いったん》の食《し》」は、一簞すなわち竹製の四角い弁当箱に詰めたごはん、「一瓢《いっぴょう》の飲《いん》」は、一瓢すなわち丸いひさごを半分に割ったお椀に入れた飲み物を指す。顔回はこうして粗末な食事をとり、路地裏の貧相な家に住み、普通の人間ならその惨めさにうんざりしてしまうのに、いっこう意に介さず、嬉々としてそのシンプルな暮らしのなかで、自分の思いどおり学問し生きることを楽しんでいる。孔子はそんな顔回の姿に感動し、「賢《けん》なる哉《かな》 回《かい》や」とほめたたえるのである。

孔子は先に第一章の「生活のなかの美学」のくだりで述べたように、日常の暮らしにおいても繊細な美学を発揮した人であり、けっして顔回のようにひたすらシンプル・イズ・ビューテイフルという生活を送ったわけではない。ただ、「疏食《そし》を飯《く》らい水《みず》を飲《の》み、肱《ひじ》を曲《ま》げて之《こ》れを枕《まくら》とす。楽《たの》しみ亦《ま》た其《そ》の中《うち》に在《あ》り。不義《ふぎ》にして富《と》み且《か》つ貴《とうと》きは、我《わ》れに於《お》いて浮雲《ふうん》の如《ごと》し」（二○○頁）と述べているように、孔子には不正な手段で得た富で豊かな暮らしをするよりは、粗末でシンプルな暮らしのなかで、意のままに生きるほうがずっと楽しいという信念があった。愛弟子顔回はそんな孔子の思いを体現した存在だったといえよう。

子謂顔淵曰、用之則行、舎之則藏。惟我與爾有是夫。子路曰、子行三軍、則誰與。子曰、暴虎馮河、死而無悔者、吾不與也。必也臨事而懼、好謀而成者也。

子《し》　顔淵《がんえん》に謂《い》いて曰《いわ》く、之《こ》れを用《もち》うれば則《すなわ》ち行《おこな》い、之《こ》れを舎《す》つれば則《すなわ》ち蔵《かく》る。惟《た》だ我《わ》れと爾《なんじ》とのみ是《こ》れ有《あ》るかな。子路《しろ》曰《いわ》く、子《し》　三軍《さんぐん》を行《おこな》わば、則《すなわ》ち誰《たれ》と与《とも》にせん。子《し》曰《いわ》く、暴虎《ぼうこ》馮河《ひょうが》、死《し》して悔《く》い無《な》き者《もの》は、吾《わ》れ与《とも》にせざる也《なり》。必《かなら》ず事《こと》に臨《のぞ》んで懼《おそ》れ、謀《はかりごと》を好《この》んで成《な》る者也《ものなり》。

（述而第七）

先生は顔淵《がんえん》（顔回）に言われた。「自分を認めて任用する者がいれば、世に出て活動する。見捨てられれば、隠遁する。そんなふうにできるのは、私とおまえだけだね」。子路《しろ》が言った。「もし先生が三軍（諸侯の軍隊）を指揮されるなら、誰といっしょになさいますか」。先生は言われた。「虎と素手で闘い、大河を徒歩《かち》わたりして、死んでもかまわないという者とは、私はいっしょに行動しない。必ずや事にあたって慎重にかまえ、計画性があって成功するような者でなければならないのだ」。

孔子が顔回《がんかい》に向かって、任用されれば表舞台に出て活動し、任用されなければ静かに隠遁するという具合に、とらわれなく自在にふるまえるのは、私とおまえだけだなと語りかけると、側で聞いていた子路《しろ》が思わずムッとして口をはさむ。「それでは、先生が三軍の総司令官になられたときは、誰をともなわれますか」。そのときは、ひょろひょろした青二才の顔回では役に立たず、勇敢で腕っぷしの強い自分でなければ、という自負心むきだしの発言である。ちなみに、周の制度では、一軍は一万二千五百人の兵士で構成され、天子は六軍、諸侯の大国は三軍を出動させるのが規定だった。

この子路の言葉に対して、孔子は「暴虎《ぼうこ》馮河《ひょうが》」の無謀な勇気をふるい、命も惜しくないという輩《やから》とはいっしょに行動することなく、自分が行動をともにするのは慎重で計画性のあるものに限られると言い切る。こうして我れこそはと、いきりたつ子路をピシリとたしなめたのである。一本気な子路がしょげかえる姿が目に浮かぶようだ。なお、子路は孔子より九歳年少だが、顔回よりは二十一歳も年上であり、おそらく子路にとって顔回が若造、青二才に見える局面も多々あったとおぼしい。

孔子は優秀ですがすがしい雰囲気にあふれる顔回に、過剰とも思えるほどの期待をかけていたが、純情な熱血漢、子路の長所もまた充分に理解し、愛情をそそいだ。ただ、子路が勇気を頼んで暴走することを心配し、つねにブレーキをかけていたのも事実である。孔子の危惧は図に当たり、子路は不幸な最期を遂げて、孔子を深く悲しませたのだった（一三七頁）。

子曰、語之而不惰者、其回也與。

子《し》曰《いわ》く、之《こ》れに語《つ》げて惰《おこた》らざる者《もの》は、其《そ》れ回《かい》なるか。

（子罕第九）

先生は言われた。「講義をしているとき、退屈そうにしない者は顔回《がんかい》だけだな」。

難しい話になると、ほかの弟子はみな飽きて退屈そうな顔をするが、顔回《がんかい》だけはそうでないと、これまた顔回を称賛した言葉。伝統的な解釈では、顔回が退屈しなかったのは、理解力にすぐれ、孔子の話がすべてわかったためだったとする。先にあげた条において、孔子は「吾《わ》れ回《かい》と言《い》うこと終日《しゅうじつ》、違《たが》わざること愚《ぐ》なるが如《ごと》し」(一〇四頁)と述べており、これを考えあわせると、顔回は才気走った反論をせず、かといって退屈することもなく、黙々と孔子の言葉に耳を傾け、ゆったりと吸収する深い海のようなタイプの弟子だったのであろう。

子畏於匡。顔淵後。子曰、吾以女爲死矣。曰、子在。回何敢死。

子《し》 匡《きょう》に畏《い》す。顔淵後《がんえんおく》る。子曰《しいわ》く、吾《わ》れ女《なんじ》を以《もっ》て死《し》せりと為《な》す。曰《いわ》く、子《し》在《いま》す。回《かい》 何《なん》ぞ敢《あ》えて死《し》せん。

(先進第十一)

先生が匡《きょう》で襲撃を受けられたとき、顔淵《がんえん》(顔回《がんかい》)がおくれて追いついてきた。先生は言われた。「私はおまえが死んでしまったものと思っていた」。顔淵は言った。「先生が生きていらっしゃるかぎり、私は死にはしません」。

紀元前四九七年、五十五歳のとき、孔子は政治改革に失敗して魯《ろ》を去り、足かけ十四年にわたって大勢の弟子を連れ、遊説の旅をつづけた。この間、この条に見えるように、孔子一行は

「匡《きょう》」の地で襲撃され、ひどい目にあった。この事件の原因、起こった時期、匡の位置等々については、諸説あって一定しないが、『史記』孔子世家によれば、魯を去った年かもしくは翌年、孔子一行は滞在していた衛《えい》の国から陳《ちん》の国へ向かうにあたり、宋《そう》の国の町である匡を通過しようとしたさい、いきなり武装した匡の人々に襲撃された。かつて魯の陽虎《ようこ》（一七五頁）がこの町を侵略、破壊したことがあり、孔子の容貌が陽虎に似ていたため、また陽虎が来たと、誤解されたのが原因だったという。

　真相は定かでないが、ともあれ襲撃された孔子一行は、子路《しろ》をはじめ腕におぼえのある弟子が先頭に立って血路を開き、散り散りになって逃げたとおぼしい。この条の問答は、この事件で孔子と離れ離れになった顔回《がんかい》が、ようやく追いついたときのものである。このとき顔回はまだ二十五、六歳。若く真面目な顔回の真情あふれる言葉が胸をうつ場面である。孔子と顔回のみならず、こうして修羅場をくぐりぬけながら旅をつづけるなかで、孔子グループの師弟関係はいっそう緊密になっていったのであろう。

　しかし、「子《し》在《いま》す。回《かい》何《なん》ぞ敢《あ》えて死《し》せん」という頼もしい言葉にもかかわらず、この十数年後の紀元前四八一年、顔回は孔子に先立つこと二年、四十一歳で病死したとされる。この詳細については次条参照。

哀公問、弟子孰爲好學。孔子對曰、有顏回者、好學。不遷怒。不貳過。不幸短命死矣。今也則亡。未聞好學者也。

哀公問《あいこうと》う、弟子《ていし》 孰《たれ》か学《がく》を好《この》むと為《な》す。孔子《こうし》対《こた》えて曰《いわ》く、顔回《がんかい》なる者有《ものあ》り、学《がく》を好《この》む。怒《いか》りを遷《うつ》さず。過《あやま》ちを弐《ふた》びせず。不幸《ふこう》 短命《たんめい》にして死《し》せり。今《いま》や則《すなわ》ち亡《な》し。未《いま》だ学《がく》を好《この》む者《もの》を聞《き》かざる也《なり》。

（雍也第六）

哀《あい》公が聞かれた。「お弟子さんのうち、誰が学問好きと思いますか」。孔子は答えて言った。「顔回《がんかい》という者がおりました。学問好きで、怒りに駆られず、同じ過ちを繰り返すことはありませんでしたが、不幸にも短命で死にました。今はもうこの世にいません。（彼の死後）学問好きの者がいるとは聞いたことがありません」。

質問者の哀《あい》公は孔子の母国魯《ろ》の君主であり、紀元前四九四年から四六八年まで在位した（九〇頁）。顔回《がんかい》の没年については諸説あるが、前条で記したように、紀元前四八一年、孔子に先立つこと二年、四十一歳で死去したとの説に説得力がある。とすれば、このとき孔子は七十一歳。この発言は、最愛の弟子顔回の死が、晩年の孔子にいかに深刻な打撃を与えたかを如実に示している。別の箇所にも魯の有力貴族の一人、季康子《きこうし》が哀公と同じ質問をしたところ、孔子はやはり「顔回《がんかい》なる者有《ものあ》り、学《がく》を好《この》む。不幸短命《ふこうたんめい》にして死《し》せり。今《いま》や則《すなわ》ち亡《な》し」(先進《せんしん》第十一)と答えたと記されている。

ちなみに、顔回が死んだとき、孔子は「噫《ああ》、天《てん》　予《わ》れを喪《ほろ》ぼせり。天《てん》　予《わ》れを喪《ほろ》ぼせり」(一九二頁)と激越な絶望の言葉を吐き、悲嘆にくれた。顔回の死後、学問好きな者はもういないとか、顔回の死は、天が私を滅ぼすということだとか、孔子が公然と、これほど顔回に肩入れするのを目の当たりにしたとき、ほかの高弟たちはどう思ったのだろうか。これによって、孔子集団に波風が立った気配はまったくないところを見ると、後世の人間には顔回のどこが偉大なのか、よくわからないところもあるが、おそらく孔子門下では余人の手の届かない、別格の存在と見なされていたのであろう(一一九頁)。

❖ 子貢——「一を聞いて二を知る」秀才

子曰、回也其庶乎。屢空。賜不受命、而貨殖焉。億則屢中。

子《し》曰《いわ》く、回《かい》や其《そ》れ庶《ちか》きか。屢《しば》しば空《むな》し。賜《し》は命《めい》を受《う》けずして、貨殖《かしょく》す。億《おも》んぱかれば則《すなわ》

ち屢《しば》しば中《あた》る。（先進第十一）

先生は言われた。「顔回《がんかい》は理想的存在に近いだろう。だが、しょっちゅう無一文になる。賜《し》（端木賜《たんぼくし》すなわち子貢《しこう》）は君命を受けないで、自由に商売し金儲けをする。予測すればしばしば的中する」。

孔子が、高弟のなかで一、二を争う秀才の顔回《がんかい》と子貢《しこう》を比較対照した言葉である。古来、この条にはさまざまな読みかたがあるが、上記の訳はふつうに行われている説によった。顔回は、仁徳にあふれ学を好むなど、孔子が理想とする存在に近いけれども、貧乏でしばしばスッテンテンになる。顔回が貧乏暮らしを楽しんでいたことについては、一〇六頁参照。顔回と対照的なのが子貢である。子貢は弁舌さわやかであり、魯《ろ》の外交使節として斉《せい》・呉《ご》・越《えつ》などの大国に赴き活躍した。諸国を往来した子貢は、魯の君主の許可を得るまでもなく、自由に貿易を営み、金儲けをした。のみならず、勘がいいので思惑買い、思惑売りをすると、しばしば的中し、さらに大きな利を占めたと、孔子はいう。子貢が大商人として資産を積んだのは事実である。大商人の伝記を収録した『史記』貨殖《かしょく》列伝にも子貢の伝記が見え、「（子貢は）曹《そう》・魯の地方で、物資を売りに出したり買い占めたりして貨殖した。孔子門下七十人の高弟のうち、子貢がもっとも金持ちだった云々」と、記されている。

付言すれば、孔子はこの発言において、理想的な存在に近いが貧乏な顔回と、自由に商売して金儲けの上手な子貢に、けっして優劣の差をつけていないことが注目される。経済センスがなくて貧乏な顔回から、それとは反対に金儲けの上手な子貢を連想し、優秀な二人の弟子のそれぞれ個性的な生きかたを、あたたかく見守っているのである。

子貢曰、貧而無諂、富而無驕、何如。子曰、未若貧而樂、富而好禮者也。子貢曰、詩云、如切如磋、如琢如磨、其斯之謂與。子曰、賜也、始可與言詩已矣。告諸往而知來者。

子《し》貢《こう》曰《いわ》く、貧《まず》しくして諂《へつら》うこと無《な》く、富《と》んで驕《おご》ること無《な》きは、何如《いかん》。子《し》曰《いわ》く、未《いま》だ貧《まず》しくして楽《たの》しみ、富《と》んで礼《れい》を好《この》む者《もの》に若《し》かざる也《なり》。子《し》貢《こう》曰《いわ》く、詩《し》に、切《せっ》するが如《ごと》く磋《さ》するが如《ごと》く、琢《たく》するが如《ごと》く磨《ま》するが如《ごと》しと云《い》うは、其《そ》れ斯《これ》を之《こ》れ謂《い》うか。子《し》曰《いわ》く、賜《し》や、始《はじ》めて与《とも》に詩《し》を言《い》う可《べ》きのみ。諸《これ》に往《おう》を告《つ》げて来《らい》を知《し》る者《もの》なり。（学而第一）

子《し》貢《こう》が言った。「貧しくとも卑屈にならず、金持ちでも高ぶらないというのは、どうでしょうか」。先生は言われた。「それもよいが、貧しくとも楽しく暮らし、金持ちであって礼を好む者には及ばないだろう」。子貢は言った。「『詩経《しきょう》』の「切《せっ》するが如《ごと》く、磋《さ》するが如《ごと》く、琢《たく》するが如《ごと》く磨《ま》するが如《ごと》し」というのは、このことをいうのですね」。先生は言われた。「賜《し》(子貢の本名)よ、おまえとこそはじめていっしょに詩の話ができるというものだ。おまえは何かを告げると、その先のことがわかる人間だ」。

子貢《しこう》の「貧しくとも卑屈にならず、金持ちでも高ぶらない」という、抑制のきいた生きかたはどうですかとの質問に対し、孔子はそれもわるくはないが、「貧しくとも楽しく暮らし、金持ちであって礼を好む」という、積極的《アグレッシブ》な生きかたには及ばないだろうと答える。すると、すかさず子貢は、孔子門下の教科書である『詩経《しきょう》』の衛風《えいふう》「淇奥《きいく》」第一章を引用し、つまりこういうことですねと、問いかける。子貢が引用した詩句は、

瞻彼淇奥　彼《か》の淇《き》の奥《くま》を瞻《み》れば
緑竹猗猗　緑《みどり》の竹《たけ》の猗猗《いい》として
有匪君子　有《げ》にも匪《あざや》けき君子《くんし》は
如切如磋　切《せっ》するが如《ごと》く磋《さ》するが如《ごと》く
如琢如磨　琢《たく》するが如《ごと》く磨《ま》するが如《ごと》し……

というものであり、「淇水《きすい》の隅を見やると、緑の竹がみずみずしい。そのようにりっぱな人物は、切磋《せっさ》琢磨《たくま》して、自分を磨きあげる」というのが、あらましの意味である。なお、「骨」の加工を「切」、「象牙」の加工を「磋」、「玉《ぎょく》」の加工を「琢」、「石」の加工を「磨」と称する。

聡明で反射神経にすぐれた子貢が即座に、こうして「いやがうえにも磨きをかける」という意味の詩句を引用し、孔子の言わんとすることをみごとに言い当てると、感心した孔子は「賜《し》や、始《はじ》めて与《とも》に詩《し》を言《い》う可《べ》きのみ」と、ほめたたえる。孔子の子貢への賛辞「諸《これ》に往《おう》を告《つ》げて来《らい》を知《し》る者《もの》なり」の「往」はもともと過去を指し、「来」は未来を指す。したがってここで孔子は、「おまえはすでに言ったことから、まだ言ってないことを推し量り察知できる者だ」と、子貢の呑みこみのはやさをほめているのである。

それにしても、ここもそうだが、孔子と子貢の会話はいきいきとしてテンポがはやく、快感をおぼえさせるものがある。とうてい二千五百年も前に生きた人々の会話とは思えない。

子貢問曰、賜也何如。子曰、女器也。曰、何器也。曰、瑚璉也。

子《し》貢《こう》問《と》いて曰《いわ》く、賜《し》や何如《いかん》。子《し》曰《いわ》く、女《なんじ》は器也《うつわなり》。曰《いわ》く、何《なん》の器《うつわ》ぞや。曰《いわ》く、瑚璉也《これんなり》。

（公冶長第五）

子貢《しこう》がたずねて言った。「賜《わたくし》（子貢の本名）はどうですか」。先生は言われた。「おまえは器《うつわ》だ」。（子貢は）言った。「何の器ですか」。先生は言われた。「瑚璉《これん》だ」。

「瑚璉《これん》」は宗廟《そうびょう》でお供物の黍稷《しょしょく》（キビと高粱《こうりょう》）のご飯を盛る器《うつわ》、つまり最上級の器を指す。子貢《しこう》が孔子に、先生は私をどういう人間だと思われますか、とたずねると、孔子は「おまえは器だ」と答える。

先に第一章で見たように、孔子は「君子《くんし》は器《うつわ》ならず（君子は用途のきまった器物であってはならない）」（七頁）と述べており、これが持論だったと思われる。だから、「女《なんじ》は器也《うつわなり》」と言われた子貢は、意想外の答えに戸惑うとともに、やや気色ばみ、「それでは、私は何の器なのですか」と突っこむ。孔子はたぶん「しまった」と思ったのだろうが、平然と「器は器でも、最高級の瑚璉《これん》だよ」と答える。この答えに子貢も安堵し、誇らしさを覚えたことであろう。この条にもさまざまな解釈があるが、私はこのように読みたい。

この孔子と子貢のやりとりも、まことに弾んだ快調のテンポでなされており、目を見張るような臨場感がある。弁舌さわやかな子貢は、すぐれた外交官であり、また目先のきく大商人でもあった。その意味で、たしかに「器」だったが、そんじょそこらにある器ではなく、文字どおり「大器」にほかならなかった。このため、孔子は、器は器でも、用途のかぎられた実用的な器ではなく、祭祀用に用いられる最高の器である瑚璉にたとえたものと思われる。孔子と弟子たちが自由に語り合う、孔子グループの雰囲気が彷彿とする面白い条である。

子謂子貢曰、女與回也孰愈。對曰、賜也何敢望回。回也聞一以知十。賜也聞一以知二。子曰、弗如也。吾與女弗如也。

子《し》　子貢《しこう》に謂《い》いて曰《いわ》く、女《なんじ》と回《かい》と孰《いず》れか愈《まさ》れる。対《こた》えて曰《いわ》く、賜《し》や何《なん》ぞ敢《あ》えて回《かい》を望《のぞ》まん。回《かい》や一《いち》を聞《き》いて以《もっ》て十《じゅう》を知《し》る。賜《し》や一《いち》を聞《き》いて以《もっ》て二《に》を知《し》る。子《し》曰《いわ》く、如《し》かざる也《なり》。吾《わ》れと女《なんじ》と如《し》かざる也《なり》。　（公冶長第五）

先生は子貢《しこう》に向かって言われた。「おまえと顔回《がんかい》とどちらがすぐれているかね」。（子貢は）答えて言った。「賜《わたくし》（子貢の本名）は顔回にはおよびもつきません。顔回は一を聞いて十を悟りますが、私は一を聞いて二を悟るだけです」。先生は言われた。「（顔回に）おまえは、およばないな、私もおまえもおよばないのだ」。

子貢《しこう》は孔子より三十一歳年下、顔回《がんかい》は孔子より三十歳年下だから、子貢と顔回は同世代である。理解力も洞察力も抜群の子貢が同輩の顔回をこれほど評価するところを見ると、顔回はやはり余人のおよびがたい、逸材だったのであろう。孔子が子貢のみならず、自分も顔回にはおよばないと言っているのは、妙にライバル意識をもたず、あっさり顔回に兜をぬいでみせた子貢に対する、称賛と励ましの意味もあったのかもしれない。

子貢問、師與商也孰賢。子曰、師也過、商也不及。曰、然則師愈與。子曰、過猶不及。

子貢《しこう》問う、師《し》と商《しょう》と孰《いず》れか賢《まさ》れる。子《し》曰《いわ》く、師《し》や過《す》ぎたり、商《しょう》や及《およ》ばず。曰《いわ》く、然《しか》らば則《すなわ》ち師《し》愈《まさ》れるか。子《し》曰《いわ》く、過《す》ぎたるは猶《な》お及《およ》ばざるがごとし。　（先進第十一）

子貢《しこう》がたずねた。「師《し》（顓孫師《せんそんし》あざな子張《しちょう》）と商《しょう》（卜商《ぼくしょう》あざな子夏《しか》）とどちらがすぐれているでしょうか」。先生は言われた。「師はやりすぎであり、商は引っこみ思案だ」。（子貢は）言った。「ならば師のほうがすぐれていますか」。先生は言われた。「やりすぎと引っこみ思案は似たようなものだ」。

この条は、人物批評、人物比較を好んだとされる子貢《しこう》が孔子に、同門の子張《しちょう》と子夏《しか》の優劣をたずねたもの。ずっと時代が下った魏晋《ぎしん》貴族社会において、清談《せいだん》(哲学談議)が大流行し、人物批評はその重要な分野を占めたが、その源流は孔子グループにまで遡ることができるようだ。

子貢が比較の対象とした二人のうち、子張は孔子より四十八歳年下の若い弟子。先に孔子に対して、「十世《じゅっせい》知る可《べ》きや(十代さきの王朝のことを予知できるでしょうか)」と質問した秀才である(七六頁)。もう一人の子夏はこれまた孔子より四十四歳年下の若い弟子であり、「文学には、子游《しゆう》、子夏」と称されるように、学問にすぐれた人物だった。

子貢の質問に対し、孔子は、子張はやりすぎ、子夏は引っこみ思案だと言い、やりすぎと引っこみ思案は似たようなものだと結論づける。後世広く流布する「過《す》ぎたるは猶《な》お及《およ》ばざるがごとし」の出典となった条だが、この孔子の言葉には、過剰も不足も好ましくはなく、中庸こそ望ましいという考えかたが、はっきりと打ち出されている。

❖子路──「由や果」、純情な熱血漢

子路有聞、未之能行。唯恐有聞。

子路《しろ》聞《き》くこと有《あ》りて、未《いま》だ之《こ》れを行《おこな》うこと能《あた》わざれば、唯《た》だ聞《き》くこと有《あ》るを恐《おそ》る。（公冶長第五）

子路《しろ》は先生（孔子）から何か教えを聞き、まだそれが実行できないうちに、次の教えを聞くことをひたすらこわがった。

子路《しろ》は直情径行の快男子であった。孔子を熱烈に崇拝していた彼は、孔子から何か教示をうけると、すぐ実行しようと努力し、それがまだ達成できないうちに、次の教示をうけることをたいへん恐れた。両方とも中途半端に終わることを、いやがったのである。このように純情でひたむきな子路は、誰もが好感をもたずにはいられない愛すべき人物であり、孔子はやや粗暴なところのある彼を時にからかいながらも、たいへん愛したのだった。

子路は孔子より九歳年下、もとは遊俠であり、「おんどりの羽を冠につけ、豚皮を腰の剣の飾りにする」（『史記』仲尼弟子列伝）という、鬼面人を驚かせる派手ないでたちで、肩で風を切って歩いていた。そんな彼は最初、学者然とした孔子をばかにしていたが、しだいに圧倒されて心酔するようになり、みずから志願して弟子入りした。以来、子路はこの条のように純情一筋、形に添う影のように孔子に師事しつづけた。後年、子路は就職して衛《えい》の出公《しゅつ》に仕えたが、紀元前四八〇年、衛の内乱のさい、奮戦のあげく戦死するに至った（一三七頁）。この知らせを聞いた孔子は、「吾《わ》れ由《ゆう》を得《え》てより、悪言耳《あくげんみみ》に聞《き》こえず（由（子路）を得てから、悪口を耳にすることがなくなったものを）」（『史記』仲尼弟子列伝）と、悲嘆に暮れたのだった。勇名高い子路が、命がけで孔子をガードし、誰にも妙な真似はさせまいと、意気ごむ姿が彷彿とする言葉である。

顔淵季路侍。子曰、盍各言爾志。子路曰、願車馬衣裘、與朋友共、敝之而無憾。顔淵曰、願無伐善。無施勞。子路曰、願聞子之志。子曰、老者安之、朋友信之、少者懷之。

顔淵《がんえん》・季路《きろ》侍《じ》す。子曰《しいわ》く、盍《なん》ぞ各《おの》おの爾《なんじ》の志《こころざし》を言《い》わざる。子路曰《しろいわ》く、願《ねが》わくは車馬衣《しゃばい》裘《きゅう》、朋友《ほうゆう》と共《とも》にし、之《こ》れを敝《やぶ》りて憾《うら》み無《な》からん。顔淵曰《がんえんいわ》く、願《ねが》わくは善《ぜん》を伐《ほこ》ること無《な》からん。労《ろう》を施《ほどこ》すこと無《な》からん。子路曰《しろいわ》く、願《ねが》わくは子《し》の志《こころざし》を聞《き》かん。子曰《しいわ》く、老者《ろうしゃ》は之《こ》れに安《やす》んじ、朋友《ほうゆう》は之《こ》れを信じ、少者《しょうしゃ》は之《こ》れを懐《なつ》く。

（公冶長第五）

顔淵《がんえん》（顔回《がんかい》）と季路《きろ》（子路《しろ》）がお側にいたとき、先生が言われた。「どうだ、めいめい自分の理想を言ってごらん」。子路は言った。「できたら、馬車や上等の衣服や毛皮を友だちと共有し、それがいたんでも気に病まないようでありたいと思います」。顔淵は言った。「善い事をしても自慢せず、いやなことを他人に押しつけないようにしたいと思います」。子路は言った。「先生の理想を聞かせてください」。先生は言われた。「老人からは安心して頼られ、友だちには信頼され、若い者から慕われというふうでありたい」。

たまたま子路《しろ》と顔回《がんかい》が孔子のそばにいたときの問答である。孔子の評価の高い顔回が同席しており、これを意識したためか、子路の答えはテンションが高く、心情のみならず物質的にも貴重なものを、全面的に共有する友人関係を結ぶことが理想だと、熱っぽく語る。これにつぐ顔回の言葉は、いかにも生真面目で優等生的。最後に子路の要請に応じて口を開いた孔子は、老人、同輩、年少者に、それぞれ信頼され良好な関係を結ぶことが理想だと述べる。孔子の答えは率直にして目配りがきき、熱意の塊のような子路、面白味に欠ける顔回の答えに比べて、はるかに円熟し、穏やかな味わいがあることに、改めて感心させられる。

季康子問、仲由可使從政也與。子曰、由也果。於從政乎何有。曰、賜也可使從政也與。曰、賜也達。於從政乎何有。曰、求也可使從政也與。曰、求也藝。於從政乎何有。

季《き》康子《こうし》問《と》う、仲由《ちゅうゆう》は政《まつりごと》に従《したが》わしむ可《べ》きか。子《し》曰《いわ》く、由《ゆう》や果《か》。政《まつりごと》に従《したが》うに於《お》いてか何《なに》か有《あ》らん。曰《いわ》く、賜《し》は政《まつりごと》に従《したが》わしむ可《べ》きか。曰《いわ》く、賜《し》や達《たつ》。政《まつりごと》に従《したが》うに於《お》いてか何《なに》か有《あ》らん。曰《いわ》く、求《きゅう》は政《まつりごと》に従《したが》わしむ可《べ》きか。曰《いわ》く、求《きゅう》や芸《げい》。政《まつりごと》に従《したが》うに於《お》いてか何《なに》か有《あ》らん。

（雍也第六）

季《き》康子《こうし》がたずねた。「仲由《ちゅうゆう》（子路《しろ》）は政治にたずさわらせることができますか」。先生は言われた。「仲由は果断です。政治にたずさわることなど、何でもありません」。（季康子は）たずねた。「賜《し》（子貢《しこう》）は政治にたずさわらせることができますか」。（先生は）言われた。「賜は達識（ものの道理に広く通じること）です。政治にたずさわることなど、何でもありません」。またたずねた。「求《きゅう》（冉求《ぜんきゅう》）は政治にたずさわらせることができますか」。言われた。「求は多才です。政治にたずさわることなど、何でもありません」。

季《き》康子《こうし》は先に言及したが（一一三頁）、魯《ろ》の三大貴族（三桓《さんかん》）の一つ、季孫《きそん》氏の一族であり、彼の父季桓子《きかんし》は孔子と同僚だったこともある。孔子の長かった旅の間に、季康子は魯の宰相となり、この条に名前の見える冉求《ぜんきゅう》はすでに季康子に仕えていた。『史記』孔子世家によれば、冉求から孔子の偉大さを聞いた季康子は、紀元前四八四年、使者を送って孔子を魯に帰国させたという。ときに孔子六十八歳。孔子が帰国すると、季康子はしばしば孔子と語り、意見を聞いた。これもその一つである。

ここで、季康子は孔子の三人の高弟、子路《しろ》、子貢《しこう》、冉求について、政治能力があるかどうか、順々にたずねると、孔子は、子路は果断、子貢は達識、冉求は多才と、三者の長所をあげ、いずれも難なく政治をこなす能力があると断言する。それぞれ並々ならぬ才能をもつ弟子に対する、孔子の誇らしさと愛情が伝わってくる美しい条である。付言すれば、冉求はあざなを子有《しゆう》といい、このため冉有《ぜんゆう》とも呼ばれる。孔子より二十九歳年下だが、「政事《せいじ》には、冉有、季路《きろ》」と称されるように、孔子門下では、子路とともに抜群のすぐれた政治能力の持ち主だった。なお、後述の条に、子路と冉有の性格を比較した孔子の発言が見える（一三二頁）。

子見南子。子路不說。夫子矢之曰、予所否者、天厭之、天厭之。

子《し》　南子《なんし》を見《み》る。子路《しろ》　説《よろこ》ばず。夫子《ふうし》　之《こ》れに矢《ちか》いて曰《いわ》く、予《わ》れ否《しか》らざる所《ところ》の者《もの》は、天《てん》　之《こ》れを厭《す》てん、天《てん》　之《こ》れを厭《す》てん。

（雍也第六）

先生が南子《なんし》と会われた。子路《しろ》は不機嫌であった。すると先生は子路に誓って言われた。「もし私のしたことが道にはずれていたならば、天が私を見捨てるだろう、天が私を見捨てるだろう」。

『論語』のうち、唯一、女性の登場する条である。南子《なんし》は衛《えい》の霊《れい》公の夫人で、有名な美女だった。もと宋《そう》の公女だが、結婚前に宋朝《そうちょう》という美男の恋人がおり、結婚後、奔放な彼女は巧みな口実をもうけて霊公の許可をとり、宋朝を衛に呼び寄せた。この奔放な美女が原因で後年、衛に内乱が起こり、その火の粉をかぶって子路《しろ》も戦死するのである(一三七頁)。

紀元前四九七年、魯《ろ》を去り、弟子ともども遊説の旅に出た孔子はまず衛に立ち寄り、まもなく衛から陳《ちん》の国に向かおうとしたが、匡《きょう》で襲撃されたため(一一〇頁)、衛に逆戻りした。こうして再度、衛に身を寄せたとき、かの禍の美女、南子が孔子に会いに来るよう求めた。君主の霊公と親しく交際する者は、夫人である南子とも会見するのが習いだというのである。そこで、やむなく孔子は会いに行った。このとき、南子は薄い葛布《くずぬの》の帳《とばり》ごしに孔子と対面し、孔子の稽《けい》首《しゅ》の礼に答えて再拝したとき、彼女の腰につけた佩玉《はいぎょく》がすがすがしい音をたてたという(『史記』孔子世家)。真偽のほどは定かでないが、そこはかとなく艶麗な雰囲気の漂う描写である。

かくて孔子がもどってくると、とかく評判のわるい南子に会うとは何事かと、一本気な子路が心証を害して、ぷりぷりしている。それを見た孔子が、上記のようにこたえ、疾《やま》しいところは、何もないと誓ったというのが、この話の内幕である。孔子を絶対的に崇拝し、そんな問題の女性になぞ会ってほしくないという子路の、大人げない力みが伝わってくるような場面だ。孔子もそんな子路をもてあまし、改まった態度で向き合うしかなかったのであろう。「矢《ちか》いて曰《いわ》く」というオーバーな表現には、そんな師弟のほほえましい関係が映し出されている。

ちなみに、孔子はこの後もう一度、今度は霊公と南子が馬車に乗って外出したとき、後続の馬車に乗りこまされ、ともに町中をめぐったという話もある。霊公や南子の真意はわからないが、霊公は名声の高い大学者の孔子との親交の深さを誇示し、わがままな南子には、自分など歯牙にもかけない孔子を、困惑させたいという気持ちがあったのかもしれない。いずれにせよ、この条には大いに読む者の想像を刺激するところがある。谷崎潤一郎の短篇小説「麒麟《きりん》」は、これを素材に虚構を膨らませたものであり、中島敦の「弟子」にもこの話が見えている。

子曰、衣敝緼袍、與衣狐貉者立、而不恥者、其由也與。

子《し》曰《いわ》く、敝《やぶ》れたる緼袍《おんぽう》を衣《き》、狐貉《こかく》を衣《き》る者《もの》と立《た》ちて、而《しか》も恥《は》じざる者《もの》は、其《そ》れ由《ゆう》なるか。

（子罕第九）

先生は言われた。「ボロボロの上衣をはおり、上等の狐やむじなの毛皮のコートを着た者と並んで立っても、堂々と恥ずかしがらない者がいるとすれば、それは子路《しろ》だろう」。服装など問題にしない武骨な子路《しろ》の堂々たる態度を称賛した言葉である。なお縕袍《おんぽう》は縕（麻の綿）の入った袍（上衣）。狐貉はキツネやムジナの上等の毛皮である。

孔子は「士《し》　道《みち》に志《こころざ》して、而《しか》も悪衣《あくい》悪食《あくしょく》を恥《は》ずる者《もの》は、未《いま》だ与《とも》に議《はか》るに足《た》らざる也《なり》」（七一頁）とも述べている。上記の言葉には、こうした孔子の主張を体現して、右顧左眄せず、雄々しく誠実に生きる子路の姿がくっきりと映し出されている。

子曰、由之瑟、奚爲於丘之門。門人不敬子路。子曰、由也升堂矣。未入於室也。

子《し》曰《いわ》く、由《ゆう》の瑟《しつ》、奚《な》ん為《す》れぞ丘《きゅう》の門《もん》に於《お》いてせん。門人《もんじん》　子路《しろ》を敬《けい》せず。子《し》曰《いわ》く、由《ゆう》や堂《どう》に升《のぼ》れり。未《いま》だ室《しつ》に入《い》らざる也《なり》。　（先進第十一）

先生は言われた。「由《ゆう》（子路《しろ》）の瑟《しつ》の弾きかたなら、なにも私の家で弾かなくてもよさそうだ」。

（これを聞いた）門弟たちは子路に敬意をはらわなくなった。先生は言われた。「由は座敷には上がっているのだが、奥の間にまだ入れないだけなのだ」。

瑟《しつ》は大型の琴《きん》。ふつうの琴は七弦だが、瑟は二十五弦ある。ほかにも十五、十九、二十七、五十弦等々、多くの種類がある。孔子門下では音楽が重視され、瑟を弾きながら『詩経《しきょう》』を学んだとされる。子路《しろ》はなにぶん武骨な人物だから、優雅に瑟を弾くなどという芸は不得手だった。あるとき、それでも一所懸命に練習している子路の演奏を聴いた孔子が、これはひどいぞと、ユーモアたっぷりにからかった。すると、これを聞いた他の門弟たちが年長の子路を軽く見て、敬意をはらわなくなった。ユーモアを解さない門弟のふるまいを目にし、これはまずいと思った孔子は、今度は子路をかばい、子路は音楽を含めた学問も行動も、りっぱに座敷にあがれるほどのレベルに達しているが、まだ奥の間に入るにいたらない、すなわち奥義に達していないだけだと、弁護したのである。

子路には通じるユーモアも、ほかの弟子には通じず、ちょっとあわてた孔子の姿が浮き彫りにされた面白い条である。孔子が辛辣な口調で子路をからかう場面は、『論語』にしばしば見られる。孔子の辛口のユーモアは、子路への愛情表現だったといえよう。

子路問、聞斯行諸。子曰、有父兄在。如之何其聞斯行之。冉有問、聞斯行諸。子曰、聞斯行之。公西華曰、由也問、聞斯行諸。子曰、有父兄在。求也問、聞斯行諸。子曰、聞斯行之。赤也惑、敢問。子曰、求也退、故進之。由也兼人、故退之。

子路《しろ》問う、聞《き》けば斯《すなわ》ち諸《これ》を行《おこな》わんか。子《し》曰《いわ》く、父兄在《ふけいいま》す有《あ》り。之《こ》れを如何《いかん》ぞ其《そ》れ聞《き》けば斯《すなわ》ち之《こ》れを行《おこな》わん。冉有問《ぜんゆうと》う、聞《き》けば斯《すなわ》ち諸《これ》を行《おこな》わんか。子《し》曰《いわ》く、聞《き》けば斯《すなわ》ち之《こ》れを行《おこな》え。公西華《こうせいか》曰《いわ》く、由《ゆう》や問《と》う、聞《き》けば斯《すなわ》ち諸《これ》を行《おこな》わんかと。子《し》曰《いわ》く、父兄在《ふけいいま》す有《あ》りと。求《きゅう》や問《と》う、聞《き》けば斯《すなわ》ち諸《これ》を行《おこな》わんかと。子《し》曰《いわ》く、聞《き》けば斯《すなわ》ち之《こ》れを行《おこな》えと。赤《せき》や惑《まど》う、敢《あ》えて問《と》う。子《し》曰《いわ》く、求《きゅう》や退《しりぞ》く、故《ゆえ》に之《こ》れを進《すす》む。由《ゆう》や人《ひと》を兼《か》ぬ、故《ゆえ》に之《こ》れを退《しりぞ》く。

（先進第十一）

子路《しろ》がたずねた。「何か聞いたらすぐに実行に移しますか」。先生は言われた。「お父さんやお兄さんがいらっしゃる以上、どうしてすぐ実行に移せようか」。冉有《ぜんゆう》がたずねた。「何か聞いたらすぐに実行に移しますか」。先生は言われた。「聞いたらすぐ実行に移しなさい」。公《こう》西華《せいか》がたずねた。「由（子路）が「何か聞いたらすぐに実行に移しますか」とおたずねすると、先生は「お父さんやお兄さんがいらっしゃる以上、どうしてすぐ実行に移せようか」とおっしゃいました。求《きゅう》(冉有)が「何か聞いたらすぐに実行に移しますか」とおたずねすると、先生は「聞いたらすぐ実行に移しなさい」とおっしゃいました。赤《わたくし》にはわかりませんので、そのわけをおたずねしたいと思います」。先生は言われた。「求は引っこみ思案だ。だから進めたのだ。由はでしゃばりだ。だから抑えたのだ」。

孔子は教条的、画一的な教えかたをせず、弟子の個性や性格に応じた教えかたをした。そうした柔軟な姿勢を明確に示した話である。

「政事《せいじ》には、冉有《ぜんゆう》、季路《きろ》」と称されるように、子路《しろ》も冉有も孔子門下では、屈指の政治的能力の持ち主だが、子路は「人《ひと》を兼《か》ぬ(でしゃばり)」、冉有は「退《しりぞ》く(引っこみ思案)」と、対照的な性格の持ち主だったのも興味深い。なお、先にあげた季康子《きこうし》と孔子の問答にも、子路と冉有が登場する(一二五頁)。あわせて参照。

また、同席していた公西華《こうせいか》は、孔子が子路と冉有の同じ問いに対して、異なる答えかたをしたのをいぶかしみ、「赤《せき》や惑《まど》う、敢《あ》えて問《と》う」と、率直に質問している。これまた自由で開放的な孔子グループの雰囲気を彷彿とさせる。ちなみに、公西華は本姓を公西、本名を赤、あざなを子華《しか》といい、孔子より四十二歳年下の若い弟子である。

さらに付け加えれば、ここで公西華が孔子と子路・冉有の問答をそのまま繰り返した形になっているが、すでに論者の指摘があるように、これは、『論語』の編者が、反復表現による強調の効果を充分に意識していたことを示す。『論語』の成立の時期や編者について、詳しいことは不明だが、孔子の生存中からすでに弟子による記録があり、孔子の死後、編纂されたというのが定説である。編纂にあたった人々は、単に意をとるだけでなく、孔子と弟子の問答を臨場感ゆたかに再現すべく、表現にも細心の注意をはらったことが、この条からも見てとれる。

子曰、片言可以折獄者、其由也與。子路無宿諾。

子《し》曰《いわ》く、片言《へんげん》以《もっ》て獄《うった》えを折《さだ》む可《べ》き者《もの》は、其《そ》れ由《ゆう》なるか。子路《しろ》宿諾《しゅくだく》無《な》し。（顔淵第十二）

先生は言われた。「（被告・原告の）一方の言い分を聞いただけで、正しい裁きができる者は由《ゆう》（子路《しろ》）だろうな」。子路は宵越しの承諾はしなかった。

裁判はふつう被告・原告双方の主張を聞いてから、なされるものだが、子路《しろ》はどちらか一方の主張を聞いただけで、事件の全貌を把握し、正しい裁きを下すことができたと、孔子はその果断さを称賛する。ここまでが孔子の言葉で、そのあとの「子路《しろ》宿諾《しゅくだく》無《な》し」は、『論語』の編者のコメントだとされる。果断な子路はいったん承諾したことは、必ずその日のうちに実行し、翌日までひきのばすことはなかったというのである。

「一諾千金《いちだくせんきん》」すなわち「いったん承諾したことには千金の値打ちがある」という言葉がある。この言葉は存在をかけて信義を守ることを旨とする、俠の精神を象徴するものにほかならない。孔子門下の後輩にあたる編者の「子路宿諾無し」という言葉は、子路の心に脈うつ爽快な俠の精神に対する賛辞である。

子路曰、衞君待子而爲政、子將奚先。子曰、必也正名乎。子路曰、有是哉、子之迂也。奚其正。子曰、野哉由也。君子於其所不知、蓋闕如也。名不正、則言不順。言不順、則事不成。事不成、則禮樂不興。禮樂不興、則刑罰不中。刑罰不中、則民無所措手足。故君子名之、必可言也。言之、必可行也。君子於其言、無所苟而已矣。

子路《しろ》曰《いわ》く、衛《えい》の君《きみ》 子《し》を待《ま》ちて政《まつりごと》を為《な》さば、子《し》 将《まさ》に奚《いず》れをか先《さき》にせん。子《し》曰《いわ》く、必《かなら》ずや名《な》を正《ただ》さんか。子路《しろ》曰《いわ》く、是《こ》れ有《あ》る哉《かな》、子《し》の迂《う》なるや。奚《なん》ぞ其《そ》れ正《ただ》さん。子《し》曰《いわ》く、野《や》なる哉《かな》 由《ゆう》や。君子《くんし》は其《そ》の知《し》らざる所《ところ》に於《お》いて、蓋闕如《がいけつじょ》たり。名《な》正《ただ》しからざれば、則《すなわ》ち言順《げんしたが》わず。言順《げんしたが》わざれば、則《すなわ》ち事成《ことな》らず。事成《ことな》らざれば、則《すなわ》ち礼楽興《れいがくおこ》らず。礼楽興《れいがくおこ》らざれば、則《すなわ》ち刑罰中《けいばつあた》らず。刑罰中《けいばつあた》らざれば、則《すなわ》ち民《たみ》手足《しゅそく》を措《お》く所無《ところな》し。故《ゆえ》に君子《くんし》は之《こ》れに名《な》づくれば、必《かなら》ず言《い》う可《べ》き也《なり》。之《こ》れを言《い》えば、必《かなら》ず行《おこな》う可《べ》き也《なり》。君子《くんし》は其《そ》の言《げん》に於《お》いて、苟《いや》しくもする所無《ところな》きのみ。

（子路第十三）

子路《しろ》は言った。「もし衛《えい》の君主が先生を厚遇して政治をまかされたならば、先生は何をまっさきにされますか」。先生は言われた。「きっと名称を正すことからはじめるだろう」。子路が言った。「そんなことがありますか。先生ときたらまったく迂遠ですね。どうして正そうとされるのですか」。先生は言われた。「野蛮だね、おまえは。君子は自分のわからないことには、黙っているものだ（黙って聞きなさい）。名称が正確でなければ、言語が混乱する。言語が混乱すれば、政治が混乱する。政治が混乱すれば、礼や楽による文化が盛んにならない。礼や楽による文化が盛んにならなければ、裁判が公平でなくなる。裁判が公平でないと、民衆は身のおきどころがなくなる。だから君子は名称をつける場合は、必ず適切な言語であらわすようにし、これを口にするときは、必ず実行しようとする。君子は言ったことに対し、いいかげんであることはないのだ」。

衛《えい》の政治をまかされたら、何から手をつけるかという、子路《しろ》の問いに対して、孔子が名称を正すことから着手すると答える。すると子路は、なんと迂遠なことをおっしゃるのかと、歯に衣着せず、ずばりと切りこむ。孔子は即座に「野蛮だね、おまえは」と切りかえし、なぜ名称をただすことが必要か、えんえんと説明する。絶妙の間合いで交わされる孔子と子路の遠慮のないやりとりが、まことに興趣あふれる条である。

この問答は、孔子と何かと縁の深かった衛《えい》の霊《れい》公の孫、出《しゅつ》公（前四九二―前四八〇、前四七六―前四七〇在位）が衛の君主だった時代のものだとされる。ちなみに、衛では先述したように（一二七頁）、孔子が霊公の美貌の夫人南子《なんし》と会見した後、南子の息子で後継の太子だった蒯聵《かいかい》が、身持ちの悪い母を殺害しようとして失敗、国外に逃亡する事件が勃発する。紀元前四九三年、霊公が死去すると、蒯聵の息子が重臣たちに推されて即位した。出公である。そうなると、おさまらないのは亡命中の父の蒯聵だった。蒯聵は大国の晋《しん》のバックアップを得て、何度も衛に攻めこみ息子を追い落として君主になろうと図り、この血肉の争いはなんと十数年にわたってつづいた。この間、孔子は諸国行脚をつづけ、紀元前四八四年、魯に帰国を果たした。

孔子が魯に帰国した四年後の紀元前四八〇年、衛は内乱状態になった。蒯聵が、これまた身持ちのわるい姉孔伯姫《こうはくき》の愛人と結託、姉の息子で衛の重臣の孔悝《こうかい》（蒯聵の甥）を脅してクーデタを起こしたのである。このとき、蒯聵の息子の出公は形勢不利と見ていちはやく逃げ出し亡命した。

このクーデタが起こったときには、子路は孔子のもとを離れ、孔悝の領地の宰《さい》（管理者）をつとめていた。緊急事態発生の情報を得た子路は、やはり衛に仕えていた他の弟子がとめるのをふりきって、城門に駆けつけ、蒯聵の手の者に殺害されるにいたった。このとき、子路は冠の紐を断ち切られたが、「君子は死すとも冠を免《ぬ》がず」（『史記』仲尼弟子列伝）と、紐を結び直して絶命したという。ときに六十三歳。いかにも一本気な子路らしい最期だった。孔子は衛で内乱がおこったと知った瞬間、「嗟乎《ああ》　由《ゆう》や死せり（ああ、由（子路）は死んだ）」（同上）と嘆いたという。最晩年の孔子に深い衝撃を与えた子路の死の翌年、孔子も死去した。ときに七十三歳。

付言すれば、血なまぐさいクーデタによって、念願の君主の座を手に入れた蒯聵は在位わずか三年にして、内憂外患により進退きわまって出奔、やがて息子の出公が帰国し復位した。乱れに乱れた衛の、文字どおり仁義なき戦いに巻き込まれた子路は、不運だったというほかない。

❖ さまざまな弟子との語らい

子夏問曰、巧笑倩兮、美目盼兮、素以爲絢兮、何謂也。子曰、繪事後素。曰、禮後乎。子曰、起予者商也。始可與言詩已矣。

子《し》夏《か》問《と》いて曰《いわ》く、巧笑倩《こうしょうせん》たり、美目盼《びもくはん》たり、素《そ》以《もっ》て絢《あや》を為《な》すとは、何《なん》の謂《い》いぞや。子《し》曰《いわ》く、絵《え》の事《こと》は素《しろ》きを後《のち》にす。曰《いわ》く、礼《れい》は後《のち》か。子《し》曰《いわ》く、予《わ》れを起《お》こす者《もの》は商也《しょうなり》。始《はじ》めて与《とも》に詩《し》を言う可《べ》きのみ。 （八佾第三）

子夏《しか》がたずねた。

「巧笑倩《こうしょうせん》たり　　にっこり笑うとえくぼがくっきり
美目盼《びもくはん》たり　　つぶらな瞳はぱっちりと
（素《そ》以《もっ》て絢《あや》を為《な》す　　色の白さが美しさをきわだたせる）

とは、どういう意味ですか」。先生は言われた。「絵というものは、白色を最後に加える、ということだよ」。（子夏は）言った。「礼が仕上げだということですか」。先生は言われた。「私を触発してくれるのは、商《しょう》（子夏）だな。おまえとこそはじめていっしょに詩の話ができるというものだ」。

子《し》夏《か》の本姓は卜《ぼく》、本名は商《しょう》。孔子より四十四歳年下の若い弟子であり、「文学には、子游《しゆう》、子夏」と称されるように、学問にすぐれていた。子夏はすでに子貢《しこう》のくだりで、子張《しちょう》と比較されるかたちで登場している(一二〇頁)。

子夏が引いた詩句は、『詩経《しきょう》』衛風《えいふう》「碩人《せきじん》」のなかにある。もっとも、現存する「碩人」の詩には、「巧笑倩《こうしょうせん》たり、美目《びもく》盼《はん》たり」の二句はたしかにあるが、三句めの「素《そ》以《もっ》て絢《あや》を為《な》す」は欠けている。もともとこの三句めは意味がつかみにくく、そのために子夏が孔子に質問したとおぼしい。ちなみに、この「碩人」の詩篇は、衛《えい》の荘《そう》公(前七五七―前七三五在位)の正夫人だった、美貌の荘姜《そうきょう》を賛美した歌だとされる。

この三句のつながりがよくわからないという、子夏の質問に対し、孔子は絵を引き合いにだし、「絵《え》の事《こと》は素《しろ》きを後《のち》にす」、すなわち絵がいろいろの色彩を用いたうえで、最後に白色を加えると、全体がひきたち完成するのと、同じ意味だと答える。この最後に白色を加えるというのは、おそらく白いふちどりをほどこすことであろう。これを聞いても、上掲の三句の意味は今ひとつ判然としないのだが、私見によれば、くっきりしたえくぼ、ぱっちりした目という美しい顔の造作は、すっきり色白の肌によってひきたち、完成の域に達するということだと思われる。

洞察力に富む秀才、子夏はこの孔子の答えを聞くと、一気に飛躍し、絵が最後に白色を加えて仕上げられるとすれば、これを人間に置き換えると、さまざまな学問教養を積み重ねたうえで、最終段階の教養として礼を加えたならば、完成の域に達するということですかと、重ねて質問する。孔子は、子夏の鮮やかな類推に、わが意を得たりと大喜びし、「始《はじ》めて与《とも》に詩《し》を言《い》う可《べ》きのみ」と手放しの賛辞を与える。実のところ、孔子は同じ言い回しの賛辞を子貢にも与えている(一一五頁)。こうしてみると、「始めて」には、「おまえこそ」という強調のニュアンスがあるようだ。

この条の孔子と子夏のやりとりは、詩句の解釈から絵画論へ、さらには人間論へと、やつぎばやに展開されており、孔子と弟子が触発しあう知的快感あふれる雰囲気をまざまざと実感させる。

樊遲問仁。子曰、愛人。問知。子曰、知人。樊遲未達。子曰、擧直錯諸枉。能使枉者直。樊遲退、見子夏曰、鄕也吾見於夫子、而問知。子曰、擧直錯諸枉。能使枉者直。何謂也。子夏曰、富哉言乎。舜有天下、選於衆、擧皐陶、不仁者遠矣。湯有天下、擧伊尹、不仁者遠矣。

樊遅《はんち》仁《じん》を問《と》う。子《し》曰《いわ》く、人《ひと》を愛《あい》す。知《ち》を問《と》う。子《し》曰《いわ》く、人《ひと》を知《し》る。樊遅《はんち》未《いま》だ達《たっ》せず。子《し》曰《いわ》く、直《なお》きを挙《あ》げて諸《これ》を枉《まが》れるに錯《お》く。能《よ》く枉《まが》れる者《もの》をして直《なお》からしむ。樊遅《はんち》退《しりぞ》いて、子夏《しか》を見《み》て曰《いわ》く、郷《さき》に吾《わ》れ夫子《ふうし》に見《まみ》えて、知《ち》を問《と》う。子《し》曰《いわ》く、直《なお》きを挙《あ》げて諸《これ》を枉《まが》れるに錯《お》く。能《よ》く枉《まが》れる者《もの》をして直《なお》からしむと。何《なん》の謂《いい》ぞや。子夏《しか》曰《いわ》く、富《と》める哉《かな》　言《げん》や。舜《しゅん》　天下《てんか》を有《たも》ち、衆《しゅう》に選《えら》んで皐陶《こうよう》を挙《あ》ぐれば、不仁《ふじん》なる者遠《ものとお》ざかる。湯《とう》　天下《てんか》を有《たも》ち、伊尹《いいん》を挙《あ》ぐれば、不仁《ふじん》なる者遠《ものとお》ざかる。

（顔淵第十二）

樊遅《はんち》が仁についてたずねた。先生は言われた。「人を愛することだ」。知についてたずねた。「人を知ることだ」。樊遅はよくわからなかった。先生は言われた。「正しい者を抜擢して不正な者の上におけば、不正な者を矯正することができる」。樊遅は退出し、子夏《しか》に会って聞いた。「さきほど私は先生にお目にかかって、知についておたずねした。先生は「正しい者を抜擢して不正な者の上におけば、不正な者を矯正することができる」とおっしゃったが、どういう意味だろうか」。子夏は言った。「なんとゆたかなお言葉だろう。舜《しゅん》が天下を支配したとき、大勢の者のなかから選んで、皐陶《こうよう》を抜擢すると、不正な者は遠ざかった。（殷の）湯《とう》王が天下を支配したとき、伊尹《いいん》を抜擢すると、不正な者は遠ざかった」。

樊遅《はんち》は先にやはり仁と知について質問し、孔子はこのとき「知」については「民《たみ》の義《ぎ》を務《つと》め、鬼神《きしん》を敬《けい》して之《こ》れを遠《とお》ざく。知《ち》と謂《い》う可《べ》し」と答えている（八一頁）。

この条において、樊遅はまず「仁」についてたずね、孔子から「人を愛することだ」と説明され、これについては納得する。ついで「知」についてたずね、今度は「人を知ることだ」と説明されるが、どうも理解できない。そこで孔子は比喩を用いてさらに説明してやる。ちなみに、この比喩は、さきにあげた魯《ろ》の君主哀《あい》公と孔子の問答にも見えたものである（八九頁）。

　この条は、孔子が仁や知などについて、あらかじめ定義づけすることなく、対話の場面や相手に応じて臨機応変、多様な角度から語ったことを具体的に示すものである。ここの対話の相手、樊遅は本名を樊須《はんしゅ》、あざなを子遅《しち》といい、孔子より三十六歳年下の弟子であり、『論語』にも何度も登場する。あまり頭の回転は速いほうではないが、朴訥な人物で、孔子の馬車の御者をつとめたりもしている。

　この樊遅が「人を知る」について、孔子から比喩を用いて懇切な説明を受けたが、それでもよくわからない。そこで退出した後、秀才の子夏《しか》に「何《なん》の謂《いい》ぞや」と教えを乞うたところ、聡明な子夏はたちまち孔子の話のポイントをつかみ、聖天子の舜《しゅん》が皐陶《こうよう》、殷《いん》王朝の始祖湯《とう》王が伊《い》尹《いん》と、それぞれすぐれた人物を抜擢し、天下を治めた伝説や史実を引き合いにだして、樊遅に説明してやった。これで樊遅が「人を知る」の真意を、はたと理解したかどうかは、記されておらず、結果はわからない。しかし、孔子門下にはむろん頭の回転の速い者もいれば遅い者もおり、孔子の話がどうにも理解できない場合は、こうして樊遅が子夏に教えを乞うたように、弟子同士でカバーしあったことが、この条からうかがえ、まことに興味深い。

柴也愚、參也魯、師也辟、由也喭。

柴《さい》や愚《ぐ》、参《しん》や魯《ろ》、師《し》や辟《へき》、由《ゆう》や喭《がん》。　（先進第十一）

柴《さい》（高柴《こうさい》）は愚（愚直）、参《しん》（曾参《そうしん》）は魯（魯鈍、ぐず）、師《し》（顓孫師《せんそんし》あざな子張《しちょう》）は辟《へき》（誇張、オーバー）、由《ゆう》（子路《しろ》）は喭《がん》（粗野で不作法）だ。

高柴《こうさい》、曾参《そうしん》、子張《しちょう》、子路《しろ》の短所を、一字で端的に述べた言葉。朱子の説くように、「子曰く」が脱落したものであり、おそらく孔子の言葉であろう。

高柴はあざなを子羔《しこう》といい、孔子より三十歳年下の弟子であり、もっさりと風采のあがらぬ人物だった。曾参はすでに第二章（七四頁）で紹介したように、孔子が「吾《わ》が道《みち》は一以《いつもっ》て之《こ》れを貫《つらぬ》く」と言った瞬間に、その意味するところを悟り、「夫子《ふうし》の道《みち》は、忠恕《ちゅうじょ》のみ」と述べた人物である。いかにも呑みこみが早そうだが、その実、孝行論に通暁した篤実な曾参は慎重な人柄であり、「魯」と評される面があったとおぼしい。なお、孔子より四十六歳も年下だった曾参は後年、多くの弟子を有して孔子の儒学思想を継承し、その普及に貢献した（一五一頁）。

子張については、本章（一二〇頁）において、「師《し》や過《す》ぎたり（子張はやりすぎだ）」と評した孔子の言葉があり、ここに見える「辟《へき》（誇張、オーバー）」という指摘とも呼応する。才気ばしった子張には大げさで過剰な面があったのだろう。子路に対する「喭《がん》（粗野で不作法）」という指摘はまさにぴったり、誰しも納得するものだ。

弟子の性格・特徴を知り尽くした孔子はときにユーモアたっぷり、彼らの短所や欠点をこうしてずばり指摘し、彼らの自覚をうながしたものと思われる。

3　弟子、孔子を語る

弟子から見た孔子

大いなる孔子に感嘆し、敬愛の念を深める。

子溫而厲。威而不猛。恭而安。

子は温《おだ》やかにして而《しか》も厲《はげ》し。威《い》ありて而《しか》も猛《たけ》からず。恭《うやうや》しくして而《しか》も安《やす》し。（述而第七）

先生は穏やかだけれども、きびしい。威厳があるけれども、たけだけしくはない。きちんと礼儀正しいけれども、堅苦しくはない。

誰とは特定されないが、弟子たちが孔子のすぐれた人となりを記したもの。ここに描かれる、穏やかさときびしさを合わせもち、犯しがたい威厳はあるけれども、たけだけしく威圧的ではなく、礼儀正しいけれども、堅苦しくはなく、ゆったりと余裕あふれる孔子のイメージは、まさに理想的な人間像にほかならない。第一章であげた「子《し》の燕居《えんきょ》は、申申如《しんしんじょ》たり。夭夭如《ようようじょ》たり」（二九頁）と合わせて見ると、自然な流露感あふれる孔子像がおのずと浮かびあがってくる。

顔淵喟然歎曰、仰之彌高、鑽之彌堅。瞻之在前、忽焉在後。夫子循循然善誘人。博我以文、約我以禮。欲罷不能。既竭吾才、如有所立卓爾。雖欲從之、末由也已。

顔淵《がんえん》　喟然《きぜん》として歎《たん》じて曰《いわ》く、之《こ》れを仰《あお》げば弥《いよ》いよ高《たか》く、之《こ》れを鑽《き》れば弥《いよ》いよ堅《かた》し。之《こ》れを瞻《み》るに前《まえ》に在《あ》り、忽焉《こつえん》として後《うしろ》に在《あ》り。夫子《ふうし》は循循然《じゅんじゅんぜん》として善《よ》く人《ひと》を誘《いざな》う。我《わ》れを博《ひろ》むるに文《ぶん》を以《もっ》てし、我《わ》れを約《やく》するに礼《れい》を以《もっ》てす。罷《や》まんと欲《ほっ》すれども能《あた》わず。既《すで》に吾《わ》が才《さい》を竭《つ》くすに、立《た》つ所有《ところあ》りて卓爾《たくじ》たるが如《ごと》し。之《こ》れに従《したが》わんと欲《ほっ》すと雖《いえど》も、由《よ》る末《な》きのみ。

（子罕第九）

顔淵《がんえん》（顔回《がんかい》）はフーッとためいきをついて言った。「仰げば仰ぐほどいよいよ高く、切りこもうとするといよいよ堅い。前におられるかと思うと、ふいにまたうしろにおられる。先生は循循然《じゅんじゅんぜん》と（順序だてて）よく人を前に進ませられる。文化的教養によって私の視野を広げ、礼の法則によって教養をまとめ集約してくださる。途中で学ぶことをやめようと思っても、もうやめられない。自分の全力を出し尽くしたつもりでも、先生はすっくと高みに立っておられる。そのあとについて行こうと思っても、よるべき手だてがみつからない」。

孔子の愛弟子顔回《がんかい》の感嘆の言葉である。孔子はけっして偉ぶることなく、つねに屈託のない自在な態度で弟子と向き合いながら、彼らを触発し、高みへと誘《いざな》った。しかし、奮起した弟子が全力を尽くして、これで先生に追いつくことができたと思った瞬間、孔子先生はさらなる高みにすっくと立っておられる。これでは、自分のような者には、とても追いつくすべもないと、顔回はためいきをつきながら、その偉大さに手放しで感嘆するのである。この顔回の言葉には、はかりしれないスケールをもつ孔子の弟子でありえたことの幸福感が漂っている。なんとも羨ましい師弟関係というほかない。

他者に語る大いなる孔子像

孔子を批判する者に対し、断固として偉大さを説く。

衛公孫朝問於子貢曰、仲尼焉學。子貢曰、文武之道、未墜於地。在人。賢者識其大者、不賢者識其小者。莫不有文武之道焉。夫子焉不學。而亦何常師之有。

（子張第十九）

衛《えい》の公孫朝《こうそんちょう》　子貢《しこう》に問《と》いて曰《いわ》く、仲尼《ちゅうじ》焉《いず》くにか学《まな》べる。子貢《しこう》曰《いわ》く、文武《ぶんぶ》の道《みち》、未《いま》だ地《ち》に墜《お》ちず。人《ひと》に在《あ》り。賢者《けんじゃ》は其《そ》の大《おお》いなる者《もの》を識《し》り、不賢者《ふけんじゃ》は其《そ》の小《ちい》さき者《もの》を識《し》る。文武《ぶんぶ》の道《みち》有《あ》らざること莫《な》し。夫子《ふうし》焉《いず》くにか学《まな》ばざらん。而《しこ》うして亦《ま》た何《なん》の常《つね》の師《し》か之《こ》れ有《あ》らん。

衛《えい》の公孫朝《こうそんちょう》が子貢《しこう》にたずねて言った。「あなたの先生の仲尼《ちゅうじ》はどこで誰について学ばれたのですか」。子貢は言った。「周《しゅう》の文《ぶん》王・武《ぶ》王の道はまだ地上から消滅したわけではなく、人々の間に存在しています。賢明な者はその重要なものを知っているし、賢明でない者でもその重要でないものを知っています。いたるところに文王・武王の道は存在しているのです。だから先生はどこでも誰にでも学ばれなかったことはなく、またきまった先生などもたれなかったのです」。

質問者の公孫朝《こうそんちょう》は衛《えい》の君主の一族と推定されるが、詳細は不明。その公孫朝が孔子はどこで誰について学んだのかと、ありきたりの質問をすると、かの聡明な子貢《しこう》は胸を張って答える。文化の創始者である周《しゅう》の文《ぶん》王・武《ぶ》王の道（方法）は今もこの地上に遍在している。だから、先生（孔子）はどこでも誰にでもその道を学ばれたのであり、きまった先生などもたれず、すべての人が先生であった、と。

孔子は遊説の旅に出てまもなく、匡《きょう》の地で襲撃され、危機に瀕したとき、「文王既《ぶんおうすで》に没《ぼっ》す、文《ぶん》　茲《ここ》に在《あ》らざらんや」（一七七頁）、すなわち「周の文王はすでに亡くなっており、（その文化は）ここ、私の身に存在しているではないか」と述べた。このように、孔子はみずからこそ周の文化の継承者だとする強烈な自負をもっていた。そうした孔子は今も地上に遍在する周の文化を大小となく吸収し、学びつづけたのだと、子貢はここで自信をもって断言する。孔子の自負が乗りうつったような力強い言葉である。

叔孫武叔語大夫於朝曰、子貢賢於仲尼。子服景伯以告子貢。子貢曰、譬之宮牆、賜之牆也及肩。窺見室家之好。夫子之牆数仭。不得其門而入、不見宗廟之美、百官之富。得其門者或寡矣。夫子之云、不亦宜乎。

叔孫武叔《しゅくそんぶしゅく》大夫《たいふ》に朝《ちょう》に語《かた》りて曰《いわ》く、子貢《しこう》は仲尼《ちゅうじ》より賢《まさ》れり。子服景伯《しふくけいはく》以《もっ》て子貢《しこう》に告《つ》ぐ。子貢曰《しこういわ》く、之《こ》れを宮牆《きゅうしょう》に譬《たと》うれば、賜《し》の牆《かき》や肩《かた》に及《およ》ぶ。室家《しっか》の好《よ》きを窺《うかが》いみる。夫子《ふうし》の牆《かき》は数仭《すうじん》。其《そ》の門《もん》を得《え》て入《い》らざれば、宗廟《そうびょう》の美《び》、百官《ひゃくかん》の富《とみ》を見《み》ず。其《そ》の門《もん》を得《う》る者《もの》 或《ある》いは寡《すくな》し。夫子《ふうし》の云《い》うこと、亦《ま》た宜《むべ》ならずや。

（子張第十九）

叔孫武叔《しゅくそんぶしゅく》が宮廷で同僚の高官たちに告げて言った。「子貢《しこう》は先生の仲尼《ちゅうじ》（孔子）よりすぐれている」。子服景伯《しふくけいはく》がこれを子貢に話した。子貢は言った。「これを塀にたとえてみましょう。賜《わたくし》（子貢の本名）の塀はせいぜい肩くらいの高さで、家のいいところをのぞき見することができます。一方、先生の塀は何仭《じん》もの高さがあり、門をみつけて中に入らないと、先祖の廟や大勢の役人がいるようすが見られません。その門をみつけられる者は少ないかもしれず、あの方がそう言われるのももっともなことでしょう」。
叔孫武叔《しゅくそんぶしゅく》は魯の三大貴族（三桓《さんかん》）の一つ、叔孫氏の一族。かつて孔子と同僚だったが、孔子に反感をもつ人物である。

その叔孫武叔が他の重臣たちに、孔子より弟子の子貢《しこう》のほうがすぐれていると告げ、これを聞いた重臣の一人で、かねて孔子に好意をもつ子服景伯《しふくけいはく》が子貢にこのことを話した。すると、子貢は自分を肩くらいの高さしかない塀にたとえ、孔子を何仞《じん》（一仞は約一メートル六〇センチ）もの高さのある塀にたとえて、自分の長所はすぐ人目につくが、先生の長所は塀越しには見えず、門（入口）をみつけて中に入らないと見えないと言う。しかもその門は並みの者にはなかなかみつけられないから、あの方（叔孫武叔）がそう言われるのももっともだ、とピシリと言ってのける。レベルの低い叔孫武叔には孔子のよさはわからないのだという、痛烈な皮肉である。付言すれば、子貢の発言には、先生や目上の人に対する尊称の「夫子《ふうし》」が二度出てくるが、いうまでもなく最初の夫子は孔子を指し、後のそれは叔孫武叔を指す。

叔孫武叔はよほど孔子に敵意をもっていたのか、孔子を正面切って誹謗したこともあった。これを耳にした子貢は、「……仲尼《ちゅうじ》は日月也《じつげつなり》。得《え》て踰《こ》ゆる無《な》し。人自《ひとみずか》ら絶《た》たんと欲《ほっ》すと雖《いえど》も、其《そ》れ何《なに》をか日月《じつげつ》に傷《そこな》わんや。多《まさ》に其《そ》の量《りょう》を知《し》らざるを見《み》る也《なり》（先生は太陽や月のような方であり、他の人間には超えるすべがない。人がいくら無視しようとしても、太陽や月はびくともしない。無視しようとした者が自分の身のほど知らずをさらけだすだけだ)」(子張《しちょう》第十九)と、はげしい口調で反論したのだった。

孔子は子路《しろ》が戦死したという知らせを聞いたとき、「吾《わ》れ由《ゆう》を得《え》てより、悪言耳《あくげんみみ》に聞《き》こえず」(一二三頁)と言ったが、子路のみならず、孔子を心から敬愛する弟子たちは、悪意をもって孔子を誹謗《ひぼう》中傷する者には敢然と立ち向かい、徹底的に反撃を加えたことが、気色ばんだ子貢の発言から如実にうかがえる。大いなる師孔子と弟子たちの深い信頼関係に、あらためて感じ入るばかりだ。

4　受け継がれゆく思想

孔子の弟子、曾子《そうし》と子夏《しか》の言葉をとりあげる。曾子(曾参《そうしん》あざな子与《しよ》。曾子の子は敬称)は孔子より四十六歳年下の若い弟子であり、孝道に通暁していた。孔子の率いる原始儒家集団は、孔子の死後、おおむね曾子を中心にまとまり、これを孔子の孫(孔子の息子、孔鯉《こうり》あざな伯魚《はくぎょ》の息子)の孔汲《こうきゅう》あざな子思《しし》が受け継ぎ、孟子《もうし》は子思の弟子に学んだとされる。後世の宋代儒学はこの孔子・曾子・子思・孟子の流れを、正統として重視した。

一方、子夏（卜商《ぼくしょう》あざな子夏）はこれまた孔子より四十四歳年下の若い弟子だが、「文学《ぶんがく》には、子游《しゆう》、子夏」と称されるように、文学（学問）にすぐれていた。孔子の死後、子夏は西河《せいが》（河北省）で弟子の教育にあたり、また人材招集に熱心だった魏《ぎ》の文侯《ぶんこう》（前四四五—前三九六在位）に招かれて、その師となった。性悪説を唱えた荀子《じゅんし》は、子夏の学問の系統を受け継いだとされる。こうしてみると、性善説を唱える孟子は曾子の系統につながり、性悪説を唱える荀子は子夏の系統につながることになる。こうして孔子の思想は弟子の手を経てさまざまなヴァリエーションを生みながら、後世へと伝播されていったのである。

付言すれば、『論語』に収められた弟子の言葉には、曾子と子夏のものにすぐれたものが多い。これは、『論語』の編纂に、彼らの弟子が深く関与していたことを示すものだといえよう。

曾子——思想を広める

孔子儒家集団を引き継ぎ、孔子の思想を後世に伝える。

曾子曰、吾日三省吾身。爲人謀而不忠乎。與朋友交而不信乎。傳不習乎。

曾子《そうし》曰く、吾《わ》れ日《ひ》に三《み》たび吾《わ》が身《み》を省《かえ》りみる。人《ひと》の為《ため》に謀《はか》りて忠《ちゅう》ならざるか。朋友《ほうゆう》と交《まじ》わりて信《しん》ならざるか。習《なら》わざるを伝《つた》うるか。

（学而第一）

曾子《そうし》は言った。「私は毎日、三つの事について反省する。他者の相談に乗りながら、まごころを尽くさなかったのではないか。友人との交際で、信義を守らなかったのではないか。よく理解していないことを、後輩に伝授したのではないか、と」

「忠」は誠心誠意、まごころを尽くすこと。「信」は誠実に信義を守ること。他者、友人、後輩や弟子という、三様の相手に対し、それぞれ誠実であることを願う、いかにも実直で生真面目な曾子《そうし》らしい言葉である。曾子は真面目すぎて「魯（ぐず）」（一四三頁）と評される面もあったが、篤実で手堅く、孔子亡き後の一門をとりまとめる最適任者だったと思われる。ちなみに、曾子の父、曾点《そうてん》あざな子晳《しせき》（曾晳《そうせき》とも呼ばれる）も孔子の弟子。もっとも、そう目立った存在ではなく、『論語』にも一か所登場するだけだが、鮮やかな印象を残している（二一七頁）。

曾子有疾。孟敬子問之。曾子言曰、鳥之將死、其鳴也哀。人之將死、其言也善。君子所貴乎道者三。動容貌、斯遠暴慢矣。正顏色、斯近信矣。出辭氣、斯遠鄙倍。籩豆之事、則有司存。

曾子《そうし》 疾《やまい》有《あ》り。孟敬子《もうけいし》 之《こ》れを問《と》う。曾子《そうし》言《い》いて曰《いわ》く、鳥《とり》の将《まさ》に死《し》なんとするや、其《そ》の鳴《な》くこと哀《かな》し。人《ひと》の将《まさ》に死《し》なんとするや、其《そ》の言《げん》や善《よ》し。君子《くんし》の道《みち》に貴《たっと》ぶ所《ところ》の者《もの》は三《さん》。容貌《ようぼう》を動《うご》かせば、斯《ここ》に暴慢《ぼうまん》に遠《とお》ざかる。顔色《がんしょく》を正《ただ》せば、斯《ここ》に信《しん》に近《ちか》づく。辞気《じき》を出《い》だせば、斯《ここ》に鄙倍《ひばい》を遠《とお》ざく。籩豆《へんとう》の事《こと》は、則《すなわ》ち有司《ゆうし》存《そん》す。（泰伯第八）

曾子《そうし》が重態になったとき、孟敬子《もうけいし》が見舞った。曾子は彼に対して言った。「絶命直前の鳥の鳴き声は哀切であり、絶命直前の人間の発言は誠実だと申します。君子が礼の道において、尊重すべきことが三つあります。第一に、立ち居ふるまいに気をつければ、他人の暴力や侮りから遠ざかることができます。第二に、顔の表情を正しくおごそかにすれば、人からだまされないという状態に近づくことができます。第三に、言葉づかいに気をつければ、他人の下品で道理にあわない言葉が耳に入らなくなります。籩豆《へんとう》（祭祀用の器）のことなどは、担当の役人にまかされればよろしい」。

曾子《そうし》は紀元前四三四年、七十二歳で死去したとされる。孔子に遅れること四十五年である。

孟敬子《もうけいし》は、孔子に孝行について質問した孟武伯《もうぶはく》（六二頁）の息子であり、魯の三大貴族（三桓《さんかん》）の一つ、孟孫《もうそん》氏の一族である。これは、その孟敬子が曾子を臨終の枕辺に見舞ったとき、曾子が言いのこした言葉。曾子が前置きとして述べた二句、「鳥《とり》の将《まさ》に死《し》なんとするや、其《そ》の鳴《な》くこと哀《かな》し。人《ひと》の将《まさ》に死《し》なんとするや、其《そ》の言《げん》や善《よ》し」は、当時のことわざのようだが、後世、名言として広く流布する。

この前置きの後、曾子は孟敬子に為政者として心すべき三つのことを告げる。上記の訳は、この三点をすべて他人から嫌な目にあわないための注意だとする、伝統的な解釈によったものである。これとは異なり、「立ち居ふるまいに気をつければ、自分のなかから乱暴さがなくなる」というふうに、すべて自分の悪しき性向を抑えるための注意だと解釈する説もあるが、やや無理があると思われる。礼の道はあくまでも人間関係、他者との関係を調整する方式なのだから。

なお、籩豆《へんとう》の「籩」は竹製のたかつき、「豆」は木製のたかつき。いずれも祭祀用の器である。為政者は三つの根本的なことにのみ専念し、祭祀の準備などという瑣末なことは、担当の役人にまかせておけばよいと、曾子は孟敬子にねんごろに言い聞かせたのである。孟敬子には瑣末なことばかり気にかける傾向があったとおぼしい。

曾子曰、士以不可不弘毅。任重而道遠。仁以為己任。不亦重乎。死而後已。不亦遠乎。
曾子《そうし》曰《いわ》く、士《し》は以《もっ》て弘毅《こうき》ならざる可《べ》からず。任重《にんおも》くして道遠《みちとお》し。仁以《じんもっ》て己《おのれ》が任《にん》と為《な》す。亦《ま》た重《おも》からずや。死《し》して後已《のちや》む。亦《ま》た遠《とお》からずや。（泰伯第八）

曾子《そうし》は言った。「士《し》たるものは大らかで強い意志をもたねばならない。その任務は重くて、道のりは遠いからである。仁愛の実践を自分の任務とするのだから、なんと重いではないか。死ぬまでがんばって完了するのだから、なんとはるばる遠いではないか」。

たいへん美しい言葉である。士《し》はこれまでもしばしば見えた。もともとは卿《けい》・大夫《たいふ》・士《し》・庶《しょ》人《じん》の四身分の一つだが、ここでは「教養を身につけた社会的人間」くらいの意味で解釈してもよかろう。士たるものは大らかで強い意志をもち、仁の実践をめざして、死ぬ瞬間までがんばらねばならないと、曾子はエールをおくる。途中で投げ出さず、粘りづよく持続することは、誰にとってもどんな場合でも、もっとも大切なことだ。時を超えて、今もなお人を鼓舞する言葉である。

子夏――学問を受け継ぐ

『詩経』をはじめ孔子の学問を受け継ぎ、後世に伝える。

子夏曰、賢賢易色、事父母能竭其力、事君能致其身、與朋友交、言而有信、雖曰未學、吾必謂之學矣。

子夏《しか》曰《いわ》く、賢《けん》を賢《けん》として色《いろ》に易《か》え、父母《ふぼ》に事《つか》えて能《よ》く其《そ》の力《ちから》を竭《つ》くし、君《きみ》に事《つか》えて能《よ》く其《そ》の身《み》を致《いた》し、朋友《ほうゆう》と交《まじ》わるに、言《い》いて信有《しんあ》らば、未《いま》だ学《まな》ばずと曰《い》うと雖《いえど》も、吾《わ》れは必《かなら》ず之《こ》れを学《まな》びたりと謂《い》わん。

（学而第一）

子夏《しか》は言った。「賢者を賢者として美女のように尊重し、父母につかえて力のかぎりを尽くし、君主につかえて骨身を惜しまず、友人との交際において、自分の言ったことに誠実であるならば、たとえその人が正式に学問をしたことがなくとも、私は必ず学のある人として認める」。

この子夏《しか》の発言については古来、さまざまな解釈がある。ことに解釈が分かれるのは「賢《けん》を賢《けん》として色《いろ》に易《か》え」の部分だが、「賢者を尊重すること美女を尊重するごとくなれ」という、孔子儒家集団ならではの、開放的なニュアンスのある伝統的な注（古注）によった。

優秀な学者だった子夏が、このように正式の学問をしていなくとも、実践や行動においてすぐれた人物を、あえて高く評価しているのは、実践を重視した孔子の薫陶《くんとう》によるものであろう。

司馬牛憂曰、人皆有兄弟。我獨亡。子夏曰、商聞之矣。死生有命。富貴在天。君子敬而無失、與人恭而有禮、四海之内、皆兄弟也。君子何患乎無兄弟也。

司馬牛《しばぎゅう》憂《うれ》えて曰《いわ》く、人《ひと》皆《みな》兄弟《けいてい》有《あ》り。我《わ》れ独《ひと》り亡《な》し。子夏《しか》曰《いわ》く、商《しょう》之《こ》れを聞《き》く。死生《しせい》命《めい》有《あ》り。富貴《ふうき》天《てん》に在《あ》り。君子《くんし》は敬《けい》して失《うしな》う無《な》く、人《ひと》と与《まじ》わるに恭《うやうや》しくして礼《れい》有《あ》らば、四海《しかい》の内《うち》、皆《みな》兄弟《けいてい》也《なり》。君子《くんし》何《なん》ぞ兄弟《けいてい》無《な》きを患《うれ》えんや。　（顔淵第十二）

司馬牛《しばぎゅう》が嘆いて言った。「人にはみな兄弟があるのに、私にだけはない」。子夏《しか》が言った。「商《わたくし》（子夏の本名）は「人間の生き死にには定めがあり、富貴は天の与えた運命だ」と聞いている。君子たる者が慎み深く過失をおかさず、他人と丁重に礼儀正しく交わったならば、世界中の人がみな兄弟となる。君子は兄弟がないことなど気に病まないものだ」。

司馬牛《しばぎゅう》は本名を耕《こう》、あざなを子牛《しぎゅう》といい、宋《そう》の出身である。ここで、司馬牛は自分には兄弟がないと嘆き、子夏《しか》に慰められているが、その実、司馬牛には兄があったとする説が、古来、流布する。その兄は桓魋《かんたい》(司馬《しば》魋《たい》)という人物であり、紀元前四八一年、孔子が魯《ろ》に帰国した後、君主の寵愛を笠にきて宋で反乱をおこし、斉《せい》に亡命した。司馬牛は当時、斉にいたが、兄が逃げこんでくると、ただちに魯に赴き、孔子門下に入ったとされる。実はこの十一年前の紀元前四九二年、諸国を旅していた孔子が宋に立ち寄ったさい、宋の重臣だった桓魋に襲撃されたこともある(一七八頁)。司馬牛は不始末ばかりしでかす悪しき兄と絶縁状態にあったようだが、それでもかつて兄が孔子を襲撃した事件を気にかけ、悩みが尽きなかったとおぼしい。

そんな司馬牛があえて「私には兄弟がない」と言い切り、子夏に孤独感を吐露したところ、子夏は司馬牛が憂鬱になるわけを百も承知でありながら、すべては運命であり、きちんとした態度で他者と交わったならば、「四海《しかい》の内《うち》、皆《み》な兄弟也《けいていなり》(世界中の人がみな兄弟となる)」と、ややオーバーな表現で、司馬牛をあたたかく慰めた。司馬牛の来歴を知ったうえで読むと、なかなか含蓄に富む問答である。それにしても、子夏は、あまり呑みこみのよくない樊遅《はんち》から、孔子の言葉の解説を求められたり(一四〇頁)、司馬牛にこうして悩みを打ち明けられたりするところを見ると、包容力のあるやさしい人となりだったのであろう。

なお、ここで子夏の発言にある「四海の内、皆な兄弟也」という言葉は、後世、遊俠など裏社会で生きる者の合言葉として、広く用いられるにいたる。

第四章　孔子の素顔

琴の演奏に聴き入る孔子（『聖跡図』）

1　ユーモア感覚

機智に富む言葉

孔子は基本的に明朗闊達、ユーモア感覚にあふれていた。

子曰、道不行、乗桴浮于海。従我者、其由與。子路聞之喜。子曰、由也好勇過我。無所取材。

子《し》曰《いわ》く、道《みち》行《おこな》われず、桴《いかだ》に乗《の》りて海《うみ》に浮《う》かばん。我《わ》れに従《したが》う者《もの》は、其《そ》れ由《ゆう》なるか。子《し》路《ろ》之《こ》れを聞《き》いて喜《よろこ》ぶ。子《し》曰《いわ》く、由《ゆう》や勇《ゆう》を好《この》むこと我《わ》れに過《す》ぎたり。材《ざい》を取《と》る所《ところ》無《な》からん。

（公冶長第五）

先生は言われた。「（私の理想とする）道は行われない。いっそ桴《いかだ》に乗って海を渡ろうか。（そのとき）私について来るのは由《ゆう》（子《し》路《ろ》）だろうか」。子路はこれを聞いて喜んだ。先生は言われた。

「由よ、おまえは私以上に勇敢なことが好きだ。だが、(桴《いかだ》を作る)材木はどこから調達するのかね」。

不屈の精神をもって逆境に立ち向かう孔子もときには疲れ、何もかも振り捨てて、脱出の夢を抱くことがあった。この国は混乱を深めるばかりで、自分の理想とする節度ある社会など実現しそうもない。いっそのことイカダに乗って海に漂い、未知の国をめざそうか。そのときに、私について来るのは、冒険好きの勇ましい子路《しろ》だろうな。

そんな孔子のつぶやきを聞いた子路は、先生が認めてくださったと勇気百倍、大喜びする。今にも旅支度にとりかかりそうな子路の姿を見た孔子は、はたと我れにかえって子路に言う。私も勇敢なことが好きだが、おまえは私以上に勇敢なことが好きだ。イカダに乗って船出するといっても、そのイカダの材木をどこから取ってくるのかね、と。こうして血気にはやる子路をユーモアたっぷりにたしなめ、からかいながら、孔子は疲労感と落ち込んだ気分を一掃し、明るく快活に態勢を立て直すのである。

こうしたユーモア感覚があればこそ、孔子は十数年におよぶ諸国放浪の旅を乗り越えることができたといえよう。孔子にとって、大きな支えになったのは優秀な弟子たちであった。冒険好きで一本気な子路と向き合ううちに、孔子がじょじょに元気を回復するさまを活写するこの条は、そんな孔子と弟子の関係を鮮やかに描き出している。

達巷黨人曰、大哉孔子。博學而無所成名。子聞之、謂門弟子曰、吾何執。執御乎。執射乎。吾執御矣。

達巷党《たつこうとう》の人曰《ひといわ》く、大《おお》いなる哉《かな》 孔子《こうし》。博学《はくがく》にして而《しか》も名《な》を成《な》す所無《ところな》し。子之《しこ》れを聞《き》き、門弟子《もんていし》に謂《い》いて曰《いわ》く、吾《わ》れ何《なに》をか執《と》らん。御《ぎょ》を執《と》らんか。射《しゃ》を執《と》らんか。吾《わ》れは御《ぎょ》を執《と》らん。

（子罕第九）

達巷《たつこう》村の人は言った。「偉いもんだ、孔子さまは。広くいろいろなことを学びながら、特にきまった専門家としての名声はお持ちでないのだから」。先生はこれを聞いて内弟子たちに言われた。「それでは私は何の専門家になろうかな。御者《ぎょしゃ》になろうか。射手《しゃしゅ》になろうか。やはり私は御者になろう」。

達巷《たつこう》は地名だが、所在は不明。党《とう》は五百軒の集落をいう。その達巷党のある人物が、孔子が限定された狭い専門分野で名を成すことを求めず、広く学び博学多識であることに感嘆した。

これを知った孔子はわが意を得たりとうれしく思うが、そのまま肯定するのも面映ゆい。そこで、私も世間並みに専門家として名乗りをあげるなら、御者にしようか、射手にしようか、やっぱり御者にしようと、ユーモアたっぷりに言ってのけたのである。

当時の必須の教養とされた六芸《りくげい》、すなわち礼《れい》・楽《がく》（音楽）・射《しゃ》（弓射《きゅうしゃ》）・御《ぎょ》（馬車を駆ること）・書《しょ》（書法）・数《すう》（算術）のうち、孔子はとりわけ礼と楽を重視した。にもかかわらず、ここではあえて身体運動に属する射と御をとりあげ、その専門家になろうかと洒落のめしている。ユーモラスな発言ながら、ここには偏狭な専門家なるものに対する鋭い諷刺もある。

柔軟なる精神

孔子は臨機応変、柔軟で躍動的な精神の持ち主だった。

子曰、民之於仁也、甚於水火。水火吾見蹈而死者矣。未見蹈仁而死者也。

子《し》曰《いわ》く、民《たみ》の仁《じん》に於《お》けるや、水火《すいか》よりも甚《はなは》だし。水火《すいか》は吾《わ》れ蹈《ふ》みて死《し》する者《もの》を見《み》る。未《いま》だ仁《じん》を蹈《ふ》みて死《し》する者《もの》を見《み》ざる也《なり》。

（衛霊公第十五）

先生は言われた。「人々が仁を必要とする度合いは、水や火を必要とするより激しく深いものがある。しかし、水や火を踏んで焼け死んだり溺れ死んだりする人は見かけるが、仁を踏んで死んだ人は見たことがない」。

水や火は人が生きていくのに不可欠なものだが、仁（思いやり）はこの水や火よりはるかに必要不可欠なものだ。しかし、水や火が過剰になると、死ぬ者も出てくるが、仁が過剰にあふれ、これによって死んだ者は見たことがないというのである。「未《いま》だ仁《じん》を蹈《ふ》みて死《し》する者《もの》を見《み》ざる也《なり》」という言い回しに、巧まざるユーモアのある面白い発言である。この意表をつく言葉によって、仁がいかに不可欠なものであるか、つよく印象づけられる。

子之武城、聞弦歌之聲。夫子莞爾而笑曰、割雞焉用牛刀。子游對曰、昔者偃也聞諸夫子。曰、君子學道則愛人、小人學道則易使也。子曰、二三子、偃之言是也。前言戯之耳。

子《し》 武城《ぶじょう》に之《ゆ》き、弦歌《げんか》の声《こえ》を聞《き》く。夫子《ふうし》 莞爾《かんじ》として笑《わら》いて曰《いわ》く、雞《にわとり》を割《さ》くに焉《いずく》んぞ牛《ぎゅう》刀《とう》を用《もち》いん。子游《しゆう》対《こた》えて曰《いわ》く、昔者《むかし》 偃《えん》や諸《これ》を夫子《ふうし》に聞《き》く。曰《いわ》く、君子《くんし》道《みち》を学《まな》べば則《すなわ》ち人を愛《あい》し、小人《しょうじん》道《みち》を学《まな》べば則《すなわ》ち使《つか》い易《やす》き也《なり》と。子《し》曰《いわ》く、二三子《にさんし》、偃《えん》の言《げん》是《ぜ》也《なり》。前言《ぜんげん》は之《こ》れに戯《たわ》むるるのみ。

（陽貨第十七）

先生が武城《ぶじょう》に行かれたとき、弦楽を伴奏にして歌う声が聞こえてきた。先生はにっこり笑って言われた。「鶏を料理するのに、どうして牛切り包丁を使うのかね」。子游《しゆう》は答えて言った。「私は以前に先生からうかがったことがあります。「君子が道を学ぶと人を愛するようになり、小人が道を学ぶと使いやすくなる」と。（だから私はこの町できちんと礼楽を実施しているのです）」。先生は言われた。「諸君、偃《えん》（子游）の言うとおりだ。さっき言ったのは冗談だよ」。

子游《しゆう》は姓を言《げん》、本名を偃《えん》（子游はあざな）といい、孔子より四十五歳年下。「文学には、子游、子夏《しか》」と称されるように、学問にすぐれた高弟だった。その子游が就職して、武城《ぶじょう》（山東省費県）という小さな町の宰《さい》（管理者）になったとき、孔子がようすを見に出かけた。すると、弦楽を伴奏にして歌う声が聞こえてくる。子游はこの小さな町で正式の礼楽教育を実施していたのである。なんとまた大げさなと、思わず孔子は笑みを浮かべ、「雞《にわとり》を割《さ》くに焉《いずく》んぞ牛刀《ぎゅうとう》を用《もち》いん」とからかってしまう。すると、子游は「私は以前に先生からうかがったことがあります云々」と、生真面目に反論した。なるほどと感じ入った孔子は、お供をしてきた他の弟子たちに向かって、自分がまちがっていたと、あっさり失言を認めたというわけである。

このように、「過《あやま》てば則《すなわ》ち改《あらた》むるに憚《はばか》ること勿《な》かれ」（一〇〇頁）をみごとに実践する孔子は、頑固な道学者先生とはおよそ異なる、柔軟な精神の持ち主にほかならなかった。からかわれて気色ばむ子游、これを見てあっさり前言を取り消す孔子、というふうに、全体としてユーモラスな情趣あふれる場面である。

子曰、飽食終日、無所用心、難矣哉。不有博弈者乎。爲之猶賢乎已。

子《し》曰《いわ》く、飽《あ》くまで食《く》らいて日《ひ》を終《お》え、心《こころ》を用《もち》うる所無《ところな》きは、難《かた》い哉《かな》。博弈《はくえき》なる者《もの》有《あ》らずや。之《こ》れを為《な》すは猶《な》お已《や》むに賢《まさ》れり。（陽貨第十七）

先生は言われた。「一日中たらふく食べて、まったく頭を使わないというのは、困ったものだ。博《はく》（すごろく）や弈《えき》（囲碁）というものがあるではないか。これでもやっているほうが、何もしないよりはましではないか」。

無為徒食するよりは、ゲームでもして頭を使うほうがましだと、だらけている弟子を叱るとは、孔子はほんとうに面白い人である。

2　不屈の精神

堅固な意志

孔子は不本意な状況においても毅然とした積極性を保ち、強烈な自負をもって危機を乗り切る不屈の人であった。

子貢曰、有美玉於斯。韞匵而藏諸。求善賈而沽諸。子曰、沽之哉、沽之哉。我待賈者也。

子《し》貢《こう》曰く、斯《ここ》に美玉《びぎょく》有《あ》り。匵《ひつ》に韞《おさ》めて諸《これ》を蔵《ぞう》せんか。善《よ》き賈《こ》を求《もと》めて諸《これ》を沽《う》らんか。子《し》曰《いわ》く、之《こ》れを沽《う》らん哉《かな》、之《こ》れを沽《う》らん哉《かな》。我《わ》れは賈《こ》を待《ま》つ者也《ものなり》。（子罕第九）

子《し》貢《こう》が言った。「ここに美しい玉があるとします。それを箱のなかに入れてしまいこんでおいたものでしょうか。よい買い手をみつけて売ったものでしょうか」。先生は言われた。「売るとも。売るとも。私は買い手を待っているのだ」。

美しい玉《ぎょく》がある場合、しまっておくべきか、買い手をみつけて売るべきかという、商才に長《た》けた高弟子貢《しこう》の質問に対して、孔子は即座に「之《こ》れを沽《う》らん哉《かな》、之《こ》れを沽《う》らん哉《かな》。我《わ》れは賈《こ》を待《ま》つ者也《ものなり》」と答える。子貢の質問は晩年、官途につかなかった孔子に、今なお出仕の意志があるかどうか、美玉の比喩を用いて確かめようとしたものだが、孔子の答えは見てのとおり、気迫充分、終生現役の積極性あふれるものだった。買い手つまり自分を評価してくれるよき君主があらわれるなら、いつでも喜んで出仕するよ、と。なお、「賈」はコと読むと商人・買い手、カと読むと価格の意味になる。

孔子はみずからの政治理念を実現すべく、大勢の弟子とともに十数年にわたって諸国を遍歴した。この発言には気取りもてらいもなく、老いてなお果敢に現実社会にコミットしつづけようとする、孔子の強靱な精神が浮き彫りにされている。

子曰、三軍可奪帥也。匹夫不可奪志也。（子罕第九）

子《し》曰《いわ》く、三軍《さんぐん》も帥《すい》を奪《うば》う可《べ》き也《なり》。匹夫《ひっぷ》も志《こころざし》を奪《うば》う可《べ》からざる也《なり》。

先生は言われた。「三軍の総大将を奪い取ることはできても、一人の人間の志を奪い取ることはできない」。

「三軍」は三個師団三万七千五百人の兵士から成る大国の軍隊（一〇八頁）。「匹夫《ひっぷ》」はもともと地位の低い者を指す。大軍勢の三軍でもまとまりに欠けていれば、総大将を奪い去ることはできる。しかし、地位も身分もない者でも、その堅固な意志を強制的に奪い去ることはできない、というのである。個人の不屈の意志や精神力を重視するこの発言には、人をふるいたたせるものがある。

ちなみに、明《みん》の滅亡後、征服王朝清《しん》に仕えることを潔《いさぎよ》しとせず、明の遺民として生涯を終えた大学者の顧炎武《こえんぶ》（一六一三―一六八二）に、「天下《てんか》を保《たも》つ者《もの》は匹夫《ひっぷ》の賤《せん》も与《あずか》って責《せ》め有《あ》るのみ（天下を保っていくことには、卑賤な一人の人間にも責任がある）」という言葉がある。この言葉は「国家の興亡《こうぼう》は匹夫にも責めあり」という表現によって、清末の改革派や革命派のスローガンになった。これらの言葉はこの孔子の発言をもとにしながら、そこに強烈な政治性や社会性を帯びさせたものである。

逆境のなかで

孔子は逆境にあってもくじけることなく、積極果敢に行動しつづけた。

子曰、歳寒、然後知松柏之後彫也。

子曰《しいわ》く、歳寒《としさむ》くして、然《しか》る後《のち》に松柏《しょうはく》の彫《しぼ》むに後《おく》るることを知《し》る也《なり》。（子罕第九）

先生は言われた。「寒い季節になってはじめて、松《まつ》や柏《はく》（ヒノキなど常緑樹の総称）がしぼまないことがわかる」。

厳冬になってはじめて凋落しない常緑樹の松や柏の強靱さがわかる。それと同様、人間も危機や逆境に直面してはじめて、その本質がわかる、というのである。諸国遍歴をつづけ、何度も苦境に陥った孔子は、危機や逆境になると、たちまち掌を返したように態度を変える人間を嫌というほど見てきたことであろう。しかしまた、そんなときにこそ、けっして流されない者の強靱さもはっきりする。苦境をへてきた孔子の経験に裏打ちされた、含蓄に富む言葉である。この言葉がもとになり、志操堅固な者を「松柏《しょうはく》の質《しつ》」と形容するようになる。

子路宿於石門。晨門曰、奚自。子路曰、自孔氏。曰、是知其不可、而爲之者與。

子路《しろ》　石門《せきもん》に宿《やど》る。晨門曰《しんもんいわ》く、奚《いず》れ自《よ》りする。子路曰《しろいわ》く、孔氏《こうし》自《よ》りす。曰《いわ》く、是《こ》れ其《そ》の不可《ふか》を知《し》りて、而《しか》も之《こ》れを為《な》す者《もの》か。（憲問第十四）

子路《しろ》が石門《せきもん》の宿場に泊まったとき、門番が聞いた。「どこから来られたのか」。子路は言った。「孔子のところから来ました」。（門番は）言った。「ああ、あの不可能だと知りながら、やっているお方ですね」。

石門《せきもん》は魯の首都曲阜《きょくふ》の近郊にある宿場。いつのころか不明だが、あるとき子路が石門に泊まったさい、その地の門番とかわした問答である。この門番の言葉に対する孔子の意見は記されていないが、もしこれを聞いたならば、理想を実現することは不可能だと知りつつ、あくまでも積極的に行動しようとする自分の理解者が、思わぬところにいたと、大喜びしたことであろう。

公山弗擾以費畔。召。子欲往。子路不説、曰、末之也已。何必公山氏之之也。子曰、夫召我者豈徒哉。如有用我者、吾其爲東周乎。

公山弗擾《こうざんふつじょう》 費《ひ》を以《もっ》て畔《そむ》く。召《よ》ぶ。子《し》 往《ゆ》かんと欲《ほっ》す。子路《しろ》説《よろこ》ばずして、曰《いわ》く、之《ゆ》くこと末《な》ければ已《や》む。何《なん》ぞ必《かなら》ずしも公山氏《こうざんし》に之《こ》れ之《ゆ》かんや。子《し》曰《いわ》く、夫《そ》れ我《わ》れを召《よ》ぶ者《もの》は豈《あ》に徒《いたず》らならんや。如《も》し我《わ》れを用《もち》うる者有《ものあ》らば、吾《わ》れ其《そ》れ東周《とうしゅう》を為《な》さんか。（陽貨第十七）

公山弗擾《こうざんふつじょう》が費《ひ》を拠点として魯《ろ》に反乱をおこし、孔子を招聘した。先生は応じようとされたが、子路《しろ》は不機嫌になって言った。「行くところがなければ、それまでのことです。どうしてわざわざ公山弗擾のもとへなぞ行かれるのですか」。先生は言われた。「そもそも私を招聘する者に理由のないはずがない。もしも私を用いてくれる者があれば、私はそこを東の周《しゅう》にしてみせよう（初期の周王朝のすぐれた政治と文化をこの東方で実現してみせよう）」。

『史記』孔子世家によれば、これは、魯《ろ》の定公《ていこう》八年（紀元前五〇二年）、孔子五十歳のときの話だという。当時、魯の国は下剋上《げこくじょう》の大混乱期にあり、政治の実権は三大貴族（三桓《さんかん》。魯の桓公の子孫である季孫《きそん》氏、孟孫《もうそん》氏、叔孫《しゅくそん》氏を指す）から、さらにその家臣の手に移っていた。なかでも威勢をふるったのは三桓の一つ、季孫氏の執事だった陽虎《ようこ》であり、三桓を制圧して、魯の国政を意のままに動かした。この陽虎も内々で孔子を招聘したが、強引な陽虎に違和感のあった孔子は慎重に対応したのだった。

　陽虎の専横は紀元前五〇二年、頂点に達し、三桓を排除すべくクーデタを起こすに至った。公山弗擾《こうざんふつじょう》（『史記』などでは公山不狃《こうざんふじゅう》）はやはり季孫氏の家臣であり、季孫氏の本拠である費《ひ》城の管理者だったが、陽虎のクーデタに呼応して反旗をひるがえした。公山弗擾が孔子を招聘したのはこのときである。陽虎の招聘にはすぐに応じなかった孔子が、公山弗擾の招聘に即座に応じようとしたのは、公山弗擾のほうが礼儀を心得た人物であり、それが正式の招聘だったためだという。いずれにせよ、孔子はもともと三桓のやり口に憤懣を抱いており、その打破をはかる公山弗擾らに共感するところがあったとおぼしい。ちなみに『史記』は、それまで政治に関わる機会に恵まれなかった孔子は、公山弗擾の要請に応じて現実政治に乗り出そうとしたのだという。この章で先にあげた「之《こ》れを沽《う》らん哉《かな》、之《こ》れを沽《う》らん哉《かな》。我《わ》れは賈《こ》を待《ま》つ者也《ものなり》」（一六九頁）の発言を地で行く積極的姿勢である。

　しかし、ここに示されている子路をはじめ、弟子たちの反対もあったのか、けっきょく孔子は招聘に応じなかった。ここではふだんは無謀な子路が引きとめ役にまわり、先生の孔子のほうが、意気込んで無謀なのも、なかなか面白い展開である。孔子はけっしておさまりかえった先生ではなく、行き過ぎもあれば失敗もあり、それを弟子たちの前でけっして糊塗しようとはしなかった。まことにこだわりのない開放的な人物だったのである。

それはさておき、結果的にみれば、公山弗擾に加担しなかったことは、孔子にとって幸いであった。首謀者陽虎は翌年の紀元前五〇一年、敗北して出奔し、彼らのクーデタは失敗に終わった。この直後、孔子は定公に認められて出仕し、中都《ちゅうと》という町の宰《さい》(管理者)となった。翌紀元前五〇〇年、斉《せい》と平和協定を結ぶにあたって大活躍し、その実力を認められて、翌紀元前四九九年には大司寇《だいしこう》(司法長官)に抜擢される。こうしてみると、公山弗擾の招聘は、孔子が念願の政治参加を果たす直前の事件だったことになる。もっとも、ようやく念願の舞台におどりでたものの、そのわずか二年後、孔子は三桓の勢力削減に失敗して失脚、魯を去る羽目になってしまうのである。

強烈な自負

孔子には、自分こそ周の文化を受け継ぐ者だという、強い自負があった。

子畏於匡。曰、文王既沒、文不在茲乎。天之將喪斯文也、後死者不得與於斯文也。天之未喪斯文也、匡人其如予何。

子《し》　匡《きょう》に畏《い》す。曰《いわ》く、文王既《ぶんおうすで》に没《ぼっ》す、文《ぶん》　茲《ここ》に在《あ》らざらんや。天《てん》の将《まさ》に斯《こ》の文《ぶん》を喪《ほろ》ぼさんとするや、後死《こうし》の者《もの》　斯《こ》の文《ぶん》に与《あずか》ることを得《え》ざる也《なり》。天《てん》の未《いま》だ斯《こ》の文《ぶん》を喪《ほろ》ぼさざるや、匡人《きょうひと》　其《そ》れ予《わ》れを如何《いかん》せん。

（子罕第九）

先生が匡《きょう》の町で襲撃されたとき、言われた。「周《しゅう》の文《ぶん》王はすでに亡くなっており、（その文化は）ここ、私の身に存在しているではないか。天が、（私の身にそなわっている）この文化を滅ぼそうとするならば、後の時代の者はこの文化の恩恵に浴することができなくなる。天が（私の身にそなわっている）この文化を滅ぼそうとしないのならば、匡の者どもが私をどうすることができようぞ」。

前条で述べたように、紀元前四九七年、五十五歳のとき、政治改革に失敗した孔子は魯《ろ》を去り、大勢の弟子を連れて諸国遊説の旅に出た。こうして旅に出た年かあるいはその翌年、孔子一行は宋《そう》の国の町、匡《きょう》を通過しようとしたさい、突如、武装した匡の人々に襲撃された（一一〇頁）。これは絶体絶命の窮地に陥った孔子が、弟子に向かって言った言葉である。この発言には、自分こそ唯一、周の文化を受け継ぐ者であり、そんな自分がこんなところで命を落とすはずがないという、強い自負があふれている。こうして孔子は意気高らかに弟子たちを励まし、彼らを率いて血路を開き、危機を脱したのだった。

子曰、天生徳於予。桓魋其如予何。

子曰《しいわ》く、天《てん》 徳《とく》を予《わ》れに生《な》せり。桓魋《かんたい》 其《そ》れ予《わ》れを如何《いかん》せん。（述而第七）

先生は言われた。「天が私に徳をさずけられている。桓魋《かんたい》ごときが私をどうすることができようぞ」。

前条と同様、危機に直面したときの孔子のつよい自負にあふれた言葉である。これは、前条の襲撃事件から五年後の紀元前四九二年、孔子一行が宋《そう》に立ち寄ったさいのことだという。『史記』孔子世家によれば、孔子が大樹の下で弟子たちと礼の儀式の実習をしていたとき、孔子に反感をもつ宋の重臣桓魋《かんたい》がその大樹を切り倒し、殺そうとした。身の危険を感じた孔子一行は逃亡にかかったが、孔子が悠然としていたため、弟子たちは早く逃げるように勧めた。すると、孔子は「天《てん》 徳《とく》を予《わ》れに生《な》せり。桓魋《かんたい》 其《そ》れ予《わ》れを如何《いかん》せん」と述べて弟子たちの動揺を抑え、ゆったりと立ち去ったという。なお、この事件および桓魋については、第三章（一五九頁）を合わせて参照。

在陳絶糧。従者病、莫能興。子路慍見曰、君子亦有窮乎。子曰、君子固窮。小人窮、斯濫矣。

陳《ちん》に在《あ》りて糧《りょう》を絶《た》つ。従者《じゅうしゃ》病んで、能《よ》く興《た》つこと莫《な》し。子路《しろ》慍《いか》って見《まみ》えて曰《いわ》く、君子《くんし》も亦《ま》た窮《きゅう》すること有《あ》るか。子《し》曰《いわ》く、君子《くんし》固《もと》より窮《きゅう》す。小人《しょうじん》窮《きゅう》すれば、斯《ここ》に濫《らん》す。

（衛霊公第十五）

陳《ちん》の国にいたとき、食糧の補給が絶えた。つき従う弟子たちは病み衰えて、立ち上がることもできなかった。子路《しろ》が激怒して対面して言った。「君子もやはり困窮することがあるのですか」。先生は言われた。「君子ももちろん困窮することがある。小人は困窮すると自暴自棄になるものだ（君子はそんなことはない）」。

前条の事件によって宋《そう》を離れた孔子一行が陳《ちん》に滞在していたところ、紀元前四八九年、南方の呉《ご》が対立する楚《そ》の同盟国だった陳を攻撃したため、陳は混乱し食糧危機に陥った。この余波をこうむって、孔子一行も食糧が補給できなくなった。弟子たちは飢えと疲れでふらふらになり、立つこともできない。このありさまを見て激情家の子路は憤激《ふんげき》して、孔子の前に進み出るや、「君子《くんし》も亦《ま》た窮《きゅう》すること有《あ》るか」とつよい口調で詰問する。孔子はこの詰問を「君子《くんし》固《もと》より窮《きゅう》す」とうけとめ、窮したときに騒いで自暴自棄になる者は小人物だと言ってのける。

　こうして孔子は頭に血が上った子路をみごとに抑え、心身ともに追いつめられた弟子たちを鼓舞するのである。度胸満点の開き直りようであり、孔子の危機に直面したときの強靭さが、なまじのものではないことがよくわかる。また、腹を立てて孔子に食ってかかる子路、これをぴしりと抑え納得させる孔子というふうに、ここには、みじんの虚飾もなく、まっこうから向き合う緊迫度の高い師弟関係があざやかに描かれている。なお、この後まもなく、孔子一行は楚に迎えられ、危機を脱することができたのだった。

3　激する孔子

許せなかった事

孔子は理不尽なもの、許しがたい事がらに対しては、気色ばみ、断固として否定した。

孔子謂季氏、八佾舞於庭。是可忍也、孰不可忍也。

孔子《こうし》　季氏《きし》を謂《い》う、八佾《はちいつ》を庭《にわ》に舞《ま》わす。是《こ》れをしも忍《しの》ぶ可《べ》くんば、孰《いず》れをか忍《しの》ぶ可《べ》からざらん。

（八佾第三）

孔子は季《き》氏を批評した。「（天子が宗廟の祭祀に奉納する）八佾《はちいつ》の舞を自分の家の中庭で舞わすとは。これをがまんできるなら、世の中にがまんできないことはない」。

季《き》氏は魯《ろ》の三大貴族（三桓《さんかん》）の一つ、季孫《きそん》氏。八佾《はちいつ》は一列八人の舞い手が、八列六十四人並んで行う群舞であり、天子が宗廟《そうびょう》（祖先をまつる廟）の祭祀を行うさいに奉納される。この天子にのみ認められた八佾の舞を、諸侯である魯の君主の家老にすぎない季孫氏が自分の家の中庭で実施した。孔子はこの僭上沙汰に憤慨し、これをがまんできるなら、世の中にがまんできないことはないと、言うのである。節度と秩序を重んじる孔子らしい怒りの爆発だといえよう。

宰予晝寢。子曰、朽木不可雕也。糞土之牆、不可杇也。於予與何誅。子曰、始吾於人也、聽其言、而信其行。今吾於人也、聽其言、而観其行。於予與改是。

宰予《さいよ》、昼《ひる》に寝《い》ぬ。子曰《しいわ》く、朽《く》ちたる木《き》は雕《ほ》る可《べ》からざる也。糞土《ふんど》の牆《かき》は、朽《ぬ》る可《べ》からざる也《なり》。予《よ》に於《お》いてか何《なん》ぞ誅《せ》めん。子曰《しいわ》く、始《はじ》め吾《わ》れ人《ひと》に於《お》けるや、其《そ》の言《げん》を聴《き》きて、其《そ》の行《こう》を信《しん》ず。今吾《いまわ》れ人《ひと》に於《お》けるや、其《そ》の言《げん》を聴《き》きて、其《そ》の行《こう》を観《み》る。予《よ》に於《お》いてか是《こ》れを改《あらた》む。

（公冶長第五）

宰予《さいよ》が昼間から奥の間に引っ込んで寝ていた。先生は言われた。「腐った木には彫刻できない。泥土の垣には上塗りができない。宰予のような者は叱ってもしようがない」。また先生は言われた。「私は今まで他人に対して、その言葉を聞くと、（言葉どおりだと思って）その行動も信じてきた。これからは他人に対して、その言葉を聞き、その行動もよく見るようにする。宰予のことをきっかけに、このように態度を改めよう」。

宰予《さいよ》は姓を宰、本名を予、あざなを子我《しが》（宰我《さいが》とも呼ばれる）といい、すでに第二章（五八頁）に登場している。「言語には、宰我、子貢《しこう》」と称される能弁の持ち主だが、あまりに才気走ったところがあり、虫が好かなかったのか、孔子はしばしば叱りつけている。

ここでは宰予が真昼間から寝ていたというので、激怒した孔子が、こんなだらしのない者は処置なし、叱る値打ちもないと、痛烈に批判したものである。のみならず、孔子はこの宰予のことを契機として、他人に対しては、言葉を聞くだけでなく、その行動もじっくり観察してから、評価し判断するよう、態度を改めるとまで言っており、その怒りかたは尋常ではない。

宰予が口のうまさとはうらはらに、つねづねだらしないところがあったために、孔子の逆鱗《げきりん》に触れたとおぼしいが、それにしても、昼寝をしていただけで、孔子がここまで腹を立てるのは異様な感がある。そこで、江戸の儒者荻生徂徠《おぎゅうそらい》は、宰予が昼間から奥の間で寝ていたというのには、「蓋《けだ》し言うべからざるもの有り（言うに言えないことがあったのだろう）」、すなわち女性と同衾《どうきん》していたのだという説を立てている。真偽のほどは定かでないが、なかなか説得力のある面白い説である。いずれにせよ、前条でもそうであったように、孔子は許しがたいことに対しては、たちまち激し、怒りを爆発させた。喜怒哀楽の感情をストレートに表出する、率直な人だったのである。

愛情にみちた怒り

弟子の行き過ぎに対して、きびしくもやさしい孔子。

子疾病。子路使門人爲臣。病間。曰、久矣哉、由之行詐也。無臣而爲有臣。吾誰欺。欺天乎。且予與其死於臣之手也、無寧死於二三子之手乎。且予縱不得大葬、予死於道路乎。

子《し》の疾病《やまいへい》なり。子路《しろ》門人《もんじん》をして臣《しん》と為《な》らしむ。病間《やまいい》えたり。曰《いわ》く、久《ひさ》しい哉《かな》、由《ゆう》の詐《さ》を行《おこな》うや。臣無《しんな》くして臣有《しんあ》りと為《な》す。吾《わ》れ誰《たれ》をか欺《あざむ》かん。天《てん》を欺《あざむ》かんか。且《か》つ予《わ》れ其《そ》の臣《しん》の手《て》に死《し》せんよりは、無寧《むしろ》二三子《にさんし》の手《て》に死《し》せんか。且《か》つ予《わ》れ縱《たと》い大葬《たいそう》を得《え》ざるも、予《わ》れ道路《どうろ》に死《し》なんや。

（子罕第九）

先生が病気で重態になられた。子路《しろ》は門弟を家臣にしたてようとした。病気が小康状態になると、先生は言われた。「よくも長い間、由《ゆう》（子路）よ、おまえは私をごまかしてきたものだ。家臣がないのに家臣があるように装った。私はいったい誰を欺こうというのか。天を欺こうというのか。それに私はニセの家臣に手をとられて死ぬよりは、きみたちに手をとられて死にたいのだ。それにまた、私はりっぱな葬式をしてもらえなくとも、私が路上で野たれ死にするはずもなかろう」。

先に第二章で、孔子が重態になったとき、子路《しろ》が祈禱をさせてほしいと願い出た話をとりあげたが(八四頁)、これも同じ時期の話である。子路が門弟を家臣に仕立てたのには、わけがある。というのも、当時、諸侯およびその重臣は家臣をもち、諸侯や重臣の臨終から葬式にかけては、その家臣がさまざまな役割を分担するのが習いであった。孔子はかつて魯の大臣だったものの、このときは無位無官であり、家臣はもっていない。そこで、孔子を崇拝する子路は、なんとか孔子の死を重臣同様のかたちで見送りたいと焦り、門弟を家臣に見立てて役割分担させる手配をした。しかし、幸い孔子は回復し、小康を得たときにこのことを知ると、子路のこうした「詐《さ》」つまりごまかしを咎めた。そんなインチキをすれば、ほかならぬこの私が天を欺くことになる。私はニセの家臣に手をとられて死ぬより、門弟たるきみたちに手をとられて死にたいのだ、と。なお、臨終にさいしては、側で見守る者が両手両足をもつのが、古代における礼の規則だったとされる。

孔子はさらに言葉をつぎ、いずれにしても、りっぱな葬式をしてもらわなくとも、私が行き倒れになることはないだろうよ、と、ユーモアをまじえつつ、子路へのお説教をしめくくる。

この場面における孔子は、門弟をニセの家臣に仕立ててまで、孔子の死を格調高く扱いたいという、一途な子路の真情を充分理解しつつ、その行き過ぎや過ちをきびしくたしなめている。

ニセの家臣に手をとられて死ぬより、二三子《きみたち》に手をとられて死にたいという、その二三子のなかにはむろん子路も入っている。きびしくもやさしい孔子の心情がうかがえる発言である。

4 嘆く孔子

過ぎゆく時のなかで

不屈の精神をもって生きる孔子も、ときとして深い絶望感にとらわれることがあった。

子曰、甚矣吾衰也。久矣、吾不復夢見周公。

子《し》曰《いわ》く、甚《はなは》だしいかな　吾《わ》が衰《おとろ》えたるや。久《ひさ》しいかな、吾《わ》れ復《ま》た夢《ゆめ》に周公《しゅうこう》を見《み》ず。

（述而第七）

先生は言われた。「私もひどく老いたものだ。ずいぶんになるな、周公の夢をみなくなってから」。

周《しゅう》王朝を創設した武《ぶ》王の弟、周公旦《しゅうこうたん》は武《ぶ》王の死後、後継者となった武王の息子成《せい》王を輔佐して礼や制度を定め、周王朝の基礎を築いた。孔子はこの周公旦を理想の人物として崇拝し、いつも夢にみるほど憧憬しつづけた。ここで孔子は、そんなにも敬慕しているにもかかわらず、心身ともに老化し、このところずっと周公旦の夢をみたこともないと、嘆くのである。しかし、孔子は理想の人物、周公旦の夢をみなくなったことで、みずからの老いを実感したというが、この言葉には、いつまでも周公旦の夢をみつづけたいものだという気持ちもこめられており、孔子が最後の最後まで不退転の理想主義者だったことがわかる。

子曰、鳳鳥不至。河不出圖。吾已矣夫。　（子罕第九）

子《し》曰《いわ》く、鳳鳥《ほうちょう》至《いた》らず。河《か》図《と》を出《い》ださず。吾《わ》れ已《や》んぬるかな。

先生は言われた。「（聖天子が出現すると飛来するという）鳳鳥《ほうちょう》（鳳凰《ほうおう》）は飛来せず、黄河からは（聖天子が出現すると浮かび出るという神秘的な図形の）河図《かと》も出てこない。私はもうおしまいだ」。

孔子は仁を核とする節度ある社会の到来を切望し、春秋《しゅんじゅう》の乱世のただなかで奮闘した。しかし、孔子の努力は報われることなく、世の混乱は深まるばかり。その徒労感、絶望感を、「鳳《ほう》鳥《ちょう》」「河図《かと》」の伝説にことよせて、美しく表現した言葉である。「不可《ふか》を知《し》りて、而《しか》も之《これ》を為《な》す」（一七三頁）孔子も晩年、ふと思い屈し、聖天子によって実現される太平の世はけっして到来しないと、嘆息することがあったのだ。

子在川上曰、逝者如斯夫、不舍晝夜。

子《し》 川《かわ》の上《ほとり》に在《あ》りて曰《いわ》く、逝《ゆ》く者《もの》は斯《か》くの如《ごと》きか、昼夜《ちゅうや》を舎《お》かず。（子罕第九）

先生は川のほとりで言われた。「過ぎゆくものはすべてこの川の流れと同じなのだろうか。昼も夜も一刻もとどまることがない」。

いわゆる「川上《せんじょう》の嘆《たん》」である。「上」はほとりを指す。一刻もとどまらない川の流れを眺めながら、孔子はこの流れと同様、万物流転、人も世も自然も不可逆的に推移する時間とともにあり、みずからもまた刻一刻と老いてゆくことを実感する。深い詠嘆のこもった言葉だが、ここには暗い絶望感は認められず、生きとし生ける者は尽きることなく滔々と流れる川と同様、大いなる流動性とともにあるという、一種、宇宙的なダイナミズムも読みとれる。

さまざまなニュアンスのちがいこそあれ、以上のように、この発言を基本的に時間の推移に対する詠嘆だとする読みかたとは異なり、朱子《しゅし》の新注をもとに、これは川の流れのように人はたゆまず努力し、無限に進歩、向上すべきだと説くものだとする読みかたもある。しかし、この解釈はあまりに道学臭がつよく、この言葉のゆたかな詩的イメージにそぐわないものである。

弟子たちへの思い

弟子たちにかける思いは深く、顔回が死んだときは悲嘆にくれた。


子曰、予欲無言。子貢曰、子如不言、則小子何述焉。子曰、天何言哉。四時行焉、百物生焉。

天何言哉。


子曰《しいわ》く、予《わ》れ言《い》うこと無《な》からんと欲《ほっ》す。子貢曰《しこういわ》く、子《し》如《も》し言《い》わずば、則《すなわ》ち小子何《しょうしなに》をか述《の》べん。子曰《しいわ》く、天《てん》　何《なに》をか言《い》わんや。四時行《しじおこな》わる、百物生《ひゃくぶつしょう》ず。天《てん》　何《なに》をか言《い》わんや。

（陽貨第十七）

先生は言われた。「私はこれから何も言わないでおこうと思う」。子貢《しこう》が言った。「先生が何もおっしゃらなかったら、私たちは何によって語ったらいいのでしょうか」。先生は言われた。「天は何も言わないのに、四季はめぐり、もろもろの生物が生育する。しかし天は何も言わない」。

いくら言葉を尽くして語っても、弟子たちがなかなか自分の真意を理解してくれないことに嘆きいらだったのか、あるとき孔子は、これからはもう何も言わないと宣言する。驚いた優秀な高弟子貢《しこう》が、それでは私たち弟子には、もとづくものがなくなり困りますと言い、思い直してもらおうとする。すると、孔子は、見てごらん、天は何も言わないのに、万物はうまく運行しているではないか、と言う。私が何も言わなくとも、きみたちも自分で考えて、それぞれ自立してやってゆけるはずだというわけだ。

弟子たちとの意思疎通がままならないことに失望した孔子が、突然もうやめた、口もききたくないと言いだし、子貢をはじめとする弟子たちは見放されたと思い、うろたえるさまが彷彿とする面白い話である。

伯牛有疾。子問之。自牖執其手、曰、亡之。命矣夫。斯人也而有斯疾也。斯人也而有斯疾也。

伯牛《はくぎゅう》　疾《やまい》有《あ》り。子《し》　之《こ》れを問《と》う。牖《まど》より其《そ》の手《て》を執《と》りて、曰《いわ》く、之《こ》れを亡《ほろ》ぼせり。命《めい》なるかな。斯《こ》の人《ひと》にして斯《こ》の疾《やまい》有《あ》るや。斯《こ》の人《ひと》にして斯《こ》の疾《やまい》有《あ》るや。　（雍也第六）

伯牛《はくぎゅう》が不治の病にかかった。先生は見舞いに行かれ、窓の外からその手を握って言われた。「もうおしまいだ。天命というほかない。こんないい人間がこんな病気になるとは。こんないい人間がこんな病気になるとは」。

伯牛《はくぎゅう》は冉耕《ぜんこう》のあざな。孔子より七歳年下だから、年かさの弟子にあたる。「徳行《とくこう》には、顔淵《がんえん》、閔子《びんし》騫《けん》、冉伯牛《ぜんはくぎゅう》、仲弓《ちゅうきゅう》」と称される有徳の人だった。その伯牛が不治の病にかかり、孔子が見舞いに行ったときの話である。有名な条だが、細かい点ではわからないことが多い。

その一つは、孔子がなぜ病室に入らず、窓の外から見舞い、手を握ったかということである。諸説あるが、対面もはばかられる深刻な病状だったことは一致する。今一つは、意識不明ならばともかく、病人に向かって直接「之《こ》れを亡《ほろ》ぼせり（もうおしまいだ）」などというのは露骨すぎるということである。ちなみに、私の知人は重病で意識不明と見なされていたにもかかわらず、見舞い客が「これはもうだめだ」というのがはっきり聞こえ、ショックを受けたと言っていた。いずれにせよ、これはあまりにも露骨すぎる言葉なので、さまざまな解釈がなされている。

このように不明な点はあるものの、この孔子の発言においてもっとも印象的なのは、「斯《こ》の人《ひと》にして斯《こ》の疾有《やまいあ》るや。斯《こ》の人《ひと》にして斯《こ》の疾有《やまいあ》るや」のくだりである。深い詠嘆のこめられたこの言葉は、理不尽な病気にかかった人に捧げるもっとも感動的な言葉として、今に至るまで伝えられている。

顔淵死。子曰、噫、天喪予。天喪予。

顔淵死《がんえんし》す。子曰《しいわ》く、噫《ああ》、天《てん》　予《わ》れを喪《ほろ》ぼせり。天《てん》　予《わ》れを喪《ほろ》ぼせり。（先進第十一）

顔淵が死んだ。先生は言われた。「ああ、天が私を滅ぼした。天が私を滅ぼした」。

孔子がもっとも信頼し期待をかけた最愛の弟子顔回《がんかい》（あざな淵《えん》）が死んだのは、紀元前四八一年である。ときに四十一歳、孔子に先立つこと二年であった。このとき七十一歳だった孔子は、深甚な打撃を受け、これは天が私を滅ぼすということだとまで言いきって、身も世もあらず、はげしい悲嘆にくれた。顔回の死の翌年、愛すべき快男児の子路《しろ》も不慮の死を遂げ、最晩年の孔子はたてつづけに回復不能の深傷《ふかで》を負ったのだった。顔回の死については一一二頁をあわせて参照。

顔淵死。子哭之慟。從者曰、子慟矣。曰、有慟乎。非夫人之爲慟而誰爲。

顔淵死《がんえんし》す。子《し》 之《こ》れを哭《こく》して慟《どう》す。従者曰《じゅうしゃいわ》く、子慟《しどう》す。曰《いわ》く、慟《どう》する有《あ》るか。夫《か》の人《ひと》の為《ため》に慟《どう》するに非《あら》ずして誰《た》が為《ため》にせん。（先進第十一）

顔淵《がんえん》が死んだ。先生は哭礼《こくれい》され慟哭《どうこく》された。従者が言った。「先生は慟哭されましたね」。（先生は）言われた。「私は慟哭したか。彼のために慟哭しないで、いったい誰のために慟哭しようというのか」。

前条と同様、顔回《がんかい》が死んだときの言葉である。「哭《こく》」は哭礼、すなわち死者のために大声をあげて泣く喪礼《そうれい》（喪中の礼）の一種、「慟《どう》」は喪礼の域をこえて慟哭すること。弔問に行った孔子は、顔回の棺《ひつぎ》の前で哭礼をするうちに、はげしい悲しみがこみあげ、礼の型を超えて慟哭し泣き崩れてしまう。随行した弟子がこれを見て驚嘆し、「さっき慟哭されましたね」と言うと、ふだんは礼の型を重んじる孔子が、きっぱりと「彼のために慟哭しないで、いったい誰のために慟哭しようというのか」と言いきる。顔回を失った孔子の悲嘆が堰を切ってあふれるさまを如実にあらわした話である。

5　辛辣な孔子

舌鋒するどく

孔子は基本的に明るく大らかな人となりの一方、辛辣な鑑識眼の持ち主であり、容認しがたいものには一転して手きびしく、容赦なくその痛いところをついた。

子曰、巧言令色、鮮矣仁。

子《し》曰《いわ》く、巧言令色《こうげんれいしょく》、鮮《すくな》し仁《じん》。（学而第一）

先生は言われた。「巧妙な言葉づかい、とりつくろった表情の人間は真情に欠ける」。

辛辣で歯切れのよい言葉である。孔子は、言語における美的表現や細やかに神経のゆきとどいた行動形式を好み重視したが、それはすべて人としての誠実さを基盤とした上でのことであり、上滑りで真実味のない「巧言令色《こうげんれいしょく》」は論外だった。

この辛辣で攻撃的な発言の対極に位置するのは、「剛毅木訥《ごうきぼくとつ》、仁《じん》に近《ちか》し」（五三頁）であろう。否定するにせよ、肯定するにせよ、孔子の発言にはときとして寸鉄人を刺す、おそるべき鋭さがある。

子曰、吾未見好徳如好色者也。

子《し》曰《いわ》く、吾《わ》れ未《いま》だ徳《とく》を好《この》むこと　色《いろ》を好《この》むが如《ごと》くする者《もの》を見《み》ざる也《なり》。（子罕第九）

先生は言われた。「私は美女を愛するように、徳を愛する人にいまだかつてお目にかかったことがない」。

「色」は美女。「徳」は徳義、あるいは徳義を有する人を指す。美女に恋い焦がれるような激しい情熱をもって、徳義を愛し求める人を見たことがないと、孔子は言う。美女と徳を対比させた大胆な発言であり、のちの頭の固い道学者には想像もつかない、すこやかなエロス性を含む発想である。孔子自身、先にとりあげたように、理想の人物周公旦《しゅうこうたん》をあたかも恋人のように、夢にみつづけた人であった（一八六頁）。

鋭い批判

孔子はまがい物が横行する風潮を手きびしく批判した。

子曰、後生可畏。焉知來者之不如今也。四十五十而無聞焉、斯亦不足畏也已。

子《し》曰《いわ》く、後生《こうせい》畏《おそ》る可《べ》し。焉《いず》くんぞ来者《らいしゃ》の今《いま》に如《し》かざるを知《し》らんや。四十五十《しじゅうごじゅう》にして聞《き》こゆること無《な》くんば、斯《これ》亦《ま》た畏《おそ》るるに足《た》らざるのみ。

（子罕第九）

先生は言われた。「後輩や若者こそ畏敬すべきだ。未来の人間である彼らがどうして現在の人間より劣るとわかるか。しかし、（その若者とて）四十五十になっても、何の名声も得られないようなら、これまたいっこう畏敬するに値しない」。

「後生《こうせい》」は後に生まれた者、後輩・若者。今まで見てきたように、孔子のすぐれた弟子には、孔子より三十も四十も年下の者が多かった。孔子は未来のある彼らに期待し、あるいはきびしく、あるいは柔軟に鍛錬しつづけた。しかし、若者もいつしか年をとる。若く未来があるからといって、甘えていてはだめだ。四十五十になっても、ひとかどの人間になれないようなら、それは問題外だと、孔子は注意をうながす。辛辣な孔子らしい鋭いコメントである。

子曰、古之學者爲己、今之學者爲人。

子《し》曰《いわ》く、古《いにしえ》の学者《がくしゃ》は己《おのれ》の為《ため》にし、今《いま》の学者《がくしゃ》は人《ひと》の為《ため》にす。（憲問第十四）

先生は言われた。「昔の学者は自分のために勉強し、今の学者は人に名を知られるために勉強する」。

社会的名声を得ることのみを目標とする、見世物、パフォーマンスとしての当時の学問を痛烈に批判した言葉である。この歯に衣《きぬ》きせぬ発言は、まさしく二千数百年後の「今」に生きる「学者」にもそのままあてはまる。以て銘すべし。

子曰、悪紫之奪朱也。悪鄭聲之亂雅樂也。悪利口之覆邦家者。

子《し》曰《いわ》く、紫《むらさき》の朱《しゅ》を奪《うば》うを悪《にく》む也《なり》。鄭声《ていせい》の雅楽《ががく》を乱《みだ》るを悪《にく》む也《なり》。利口《りこう》の邦家《ほうか》を覆《くつがえ》す者《もの》を悪《にく》む。

（陽貨第十七）

先生は言われた。「紫色が朱色を圧倒することを、私は憎む。（煽情的な）鄭《てい》の音楽が雅楽を混乱させることを、私は憎む。口のうまい野心家が国家を混乱させることを、私は憎む」。

青、黄、赤（朱）、白、黒を正色《せいしょく》、二つ以上の正色を混ぜ合わせたものを間色《かんしょく》という。古代では正色が尊ばれたが、しだいに赤と青を混合して成る紫のような間色が尊ばれるようになる。孔子はこうして純粋なものより混ぜものの価値が高くなってゆく、色彩観の変化を怒り憎む。また音楽においても、優美な雅楽すなわちクラシックはしだいに廃れ、鄭《てい》の国の音楽のような煽情的なものが盛んになってゆくことに、怒りと憎しみを覚える。純粋かつ調和的な文化や芸術を好んだ古典主義者、孔子らしい発言である。
　こうして色彩や音楽において、しだいに孔子の嫌う「まがい物」が本物を圧倒するのと同様、春秋《しゅんじゅう》の乱世では下剋上の嵐が吹き荒れ、「利口《りこう》」すなわち弁はたつが実《じつ》のない野心家が巧みに立ち回って、しばしば国家を混乱させた。この事態を黙過できないと、孔子は辛辣な口調で裁断するのである。

6　楽しむ孔子

楽しむ生きかた

孔子はときに怒りを爆発させ、ときに悲嘆にくれるなど、激情をあらわに示すこともあったが、基本的に伸びやかな陽性の人であり、生きることを楽しむ人であった。

　子曰、知之者不如好之者。好之者不如樂之者。

子《し》曰《いわ》く、之《こ》れを知《し》る者《もの》は之《こ》れを好《この》む者《もの》に如《し》かず。之《こ》れを好《この》む者《もの》は之《こ》れを楽《たの》しむ者《もの》に如《し》かず。（雍也第六）

先生は言われた。「ものごとに対して知識をもち理解する者は、それを好む者にはかなわない。好む者はそれを楽しむ者にはかなわない」。

対象に対する「知る」「好む」「楽しむ」という三様の関わりかたを述べ、最後の「楽しむ」境地に達した者を称揚する。「知る」段階では、対象との間に距離をおいて、客観的に把握しようとするが、「好む」段階になると、深い思い入れが生じ、対象との距離が縮まる。さらに「楽しむ」段階になると、対象との距離がなくなり、対象とみずからが自在に融合し、一体化するに至る。この三段階は、人としての成熟のプロセスだともいえよう。

子曰、飯疏食飲水、曲肱而枕之。樂亦在其中矣。不義而富且貴、於我如浮雲。

子《し》曰《いわ》く、疏《そ》食《し》を飯《く》らい水《みず》を飲《の》み、肱《ひじ》を曲《ま》げて之《こ》れを枕《まくら》とす。楽《たの》しみ亦《ま》た其《そ》の中《うち》に在《あ》り。不《ふ》義《ぎ》にして富《と》み且《か》つ貴《とうと》きは、我《わ》れに於《お》いて浮《ふ》雲《うん》の如《ごと》し。（述而第七）

先生は言われた。「粗末な食事をとって水を飲み、ひじをまげて枕にする。そんな暮らしのなかにも、楽しみはある。不正な手段で得た富や高い地位は、私にとっては空に浮かぶ雲のようなものだ」。

疏食《そし》については、菜食を指すという説と、米以外の粗末な穀物を指すという説があるが、いずれにしても粗末な食事の意。粗末な食事をし、ひじをまげて枕がわりにするような質素な暮らしのなかにも、精神的に充実していたならば、安らかな楽しみがある。経済的に豊かであること、高い地位にあることをやみくもに否定するわけではないが、もしそれが不正な手段で得たものなら、私にとってすぐに消え去る浮雲のようなものだと、孔子はいう。不正な手段で時めく者を、余裕をもって眺めやっているような、穏やかな自信に満ちた発言である。

なお、すでに紹介したように、孔子には、「一箪《いったん》の食《し》、一瓢《いっぴょう》の飲《いん》、陋巷《ろうこう》に在《あ》り」という質素な生活のなかで、自分の思いどおり学問し生きることを楽しむ愛弟子顔回《がんかい》を、深い共感をこめて称賛した発言もある（一〇六頁）。あわせて参照されたい。

『詩経』を愛する

孔子は『詩経』をもっとも愛好し重視した。

子所雅言、詩書執禮、皆雅言也。

子《し》の雅《つね》に言《い》う所《ところ》は、詩《し》・書《しょ》・執礼《しつれい》、皆《み》な雅《つね》に言《い》う也《なり》。

（述而第七）

先生がいつも話題にされたのは、「詩《し》」「書《しょ》」「礼《れい》」であった。この三つについていつも話題にされたのである。

この条については、まったく異なる読みかたもあるが、ここではもっとも穏当と思われる朱《しゅ》子《し》の新注によった。「詩」は『詩経《しきょう》』、すなわちもともと三千篇以上あった歌謡のなかから、孔子が三百五篇を選定したとされる歌謡集。孔子儒家集団の教科書でもあった。「書」は『書経《しょきょう》』、すなわち古代の為政者の政治や軍事に関する発言を、孔子が編纂したとされる書物。「礼」はもともと周王朝の基礎を築いた周公旦《しゅうこうたん》が定めた社会や家庭における儀礼や法則であり、孔子儒家集団ではこれを実習した。

『詩経』『書経』の二つの古典および「礼」を、孔子は大いに尊重し、これらについていつも口にしたというのである。とりわけ『詩経』は、これまでとりあげた発言においても、しばしば言及されているように、孔子がもっとも重視し、また愛好した古典であった。以下にあげる『詩経』に関する発言は、孔子がいかにその詩的世界に習熟し、またそれを楽しんだかを如実に示している。

子曰、詩三百、一言以蔽之、曰、思無邪。

子《し》曰《いわ》く、詩《し》三百《さんびゃく》、一言《いちごん》以《もっ》て之《こ》れを蔽《おお》えば、曰《いわ》く、思《おも》い邪《よこしま》無《な》し。（為政第二）

先生は言われた。「『詩経《しきょう》』三百篇の詩を、一言で総括すれば、「思《おも》い邪《よこしま》無《な》し（感情の純粋さ）」ということだろう」。

孔子が愛してやまなかった古代の歌謡集『詩経《しきょう》』に収録されたおよそ三百篇（実際には三百五篇）の詩の特徴を、ずばり一言で指摘した名言である。

『詩経』は三部構成をとり、第一部は黄河流域にあった国々および周《しゅう》王朝直轄領の歌謡、あわせて百六十篇を国別に収録した「国風《こくふう》」、第二部は周王朝の歌、あわせて百五篇を収録した「雅《が》(大雅《たいが》と小雅《しょうが》に分かれる)」、第三部は国家の祖先の功を称える祭祀の歌、あわせて四十篇を収録した「頌《しょう》(周頌《しゅうしょう》、魯頌《ろしょう》、商頌《しょうしょう》がある)」となっている。ちなみに、ここで孔子があげた「思《おも》い邪《よこしま》無《な》し」は、第三部の魯頌に見える「駉《けい》」という詩の一句である。

こうして三部に分かれるとはいえ、古代に生きた人々の喜怒哀楽、生活感覚などを、よりいきいきと今に伝えるのは、第一部の「国風」の詩だといえよう。恋歌もあれば、失意の歌もあり、歌われる内容は多種多様だが、素朴な一行四言のスタイルによるその詩篇は、まさに「思《おも》い邪《よこしまな》無し」、高ぶる感情を純粋かつストレートに表現したものにほかならない。

「国風」を核とする『詩経』は孔子一門の教科書でもあったが、後述のように、孔子が詩とともに音楽を深く愛したことを考えあわせると、おそらくこれらの詩篇は読むのではなく、歌われたとおぼしい。子路《しろ》のような武骨な弟子も、ともに歌ったり楽器を演奏したりする風景を思い浮かべると、なんとも楽しくなってくる(子路が瑟《しつ》を演奏したことについては、一一九頁参照)。

子曰、關雎、樂而不淫、哀而不傷。

子《し》曰《いわ》く、関雎《かんしょ》は、楽《たの》しみて淫《いん》せず、哀《かな》しみて傷《やぶ》らず。（八佾第三）

先生は言われた。「「関雎《かんしょ》」の詩は、いかにも楽しげでありながら、節度を保って耽溺することはない。悲哀の感情もあるが、心を鋭く傷つけることはない」。

「関雎《かんしょ》」は『詩経《しきょう》』「国風《こくふう》」の冒頭に配された「周南《しゅうなん》」の最初の詩であり、領主がよき配偶者とめぐりあい、幸福な結婚をするよう祈る歌だとされる。その第一節はこう歌われる。

關關雎鳩　関関《かんかん》たる雎鳩《しょきゅう》は
在河之洲　河《かわ》の洲《す》に在《あ》り
窈窕淑女　窈窕《ようちょう》たる淑《よ》き女《むすめ》は
君子好逑　君子《くんし》の好《よ》き逑《つれあい》

「かあかあと鳴くみさごの鳥は、川の中洲にいる。（そのように）上品でよい娘はりっぱなお方のよい連れあい」。

この第一節につづいて、そうしたよき娘を探し求めるが、なかなか出会えない苦しみをへて、ついにめぐりあい、結ばれる過程が歌われる。孔子はこの詩について、なかなか出会えない悲しみを歌っても、過剰に心を食い破るまでにはいたらず、念願かなって出会い結婚にいたる楽しさを歌っても、過度に耽溺するまでにはいたらないと、バランス感覚にあふれたその表現を称賛するのである。ここにも節度とバランスを重視する孔子の美学があらわれている。

なお、この「関雎《かんしょ》」は、孔子の時代には楽器の伴奏によって広く歌われた楽曲であり、この孔子の言葉も歌詞についてではなく、メロディーについてのものだとする説もある。しかし、歌詞じたいにも、今ふれたように哀楽がともに歌いこまれており、そうはいいきれないと思う。

子曰、小子何莫學夫詩。詩可以興、可以觀、可以羣、可以怨。邇之事父、遠之事君。多識於鳥獸艸木之名。

子《し》曰《いわ》く、小子《しょうし》何《なん》ぞ夫《か》の詩《し》を学《まな》ぶ莫《な》きや。詩《し》は以《もっ》て興《おこ》す可《べ》く、以《もっ》て観《み》る可《べ》く、以《もっ》て群《つど》う可《べ》く、以《もっ》て怨《うら》む可《べ》し。之《こ》れを邇《ちか》くしては父《ちち》に事《つか》え、之《こ》れを遠《とお》くしては君《きみ》に事《つか》う。多《おお》く鳥《ちょう》獣艸木《じゅうそうもく》の名《な》を識《し》る。

（陽貨第十七）

先生は言われた。「若者たちよ、どうして詩（『詩経《しきょう》』）を学ばないのか。詩を学べば、もろもろの事がらを比喩的に表現できるし、世間を観察できるし、みんなといっしょに楽しむことができるし、政治を批判することもできる。近くは父に仕え、遠くは君主に仕え、多くの動物や植物の名称を覚えるにも役立つものだ」。

孔子が若い弟子たちに対して、詩すなわち『詩経《しきょう》』を学ぶ効用を説いた有名な発言であり、まず、「興《きょう》」「観《かん》」「群《ぐん》」「怨《えん》」の四つの効用が説かれる。「興」は、修辞法的には詩全体の雰囲気をあらかじめ暗示すべく、冒頭に置かれる比喩表現の一種、暗喩《あんゆ》を指し、『詩経』独特のものである。ここでは、そうした比喩的表現に習熟することができるという意味に解した。つづく「観」は、広く世間のありさまを観察しうること、「群」は大勢の人々と楽しみを共有しうること、「怨」は間接的に現在の政治を批判しうることをいう。

こうして『詩経』を学んで得られる四つの基本的な効用をあげたうえで、現実的かつ具体的な効用として、父や君主など上位者に対する態度や姿勢を学び、詩にあらわれる多様な動植物の名称が覚えられることをあげる。

孔子が古典のうち、『詩経』を最重視したことは、息子の孔鯉《こうり》にまずこれを学ぶように勧めたことからも、明らかである（一一頁）。ただ、その効用を説くこのくだりの発言は、あまりに功利的で理に落ち、孔子のおおかたの発言に見られる伸びやかさに欠ける。すでに論者の指摘があるように、おそらく孔子の言葉をそのまま記したものではなく、後の編纂者によって整理されたものであろう。

音楽を楽しむ

孔子は音感にすぐれ、楽しく歌い演奏した。

子語魯大師樂曰、樂其可知也。始作翕如也。從之純如也。皦如也。繹如也。以成。

子《し》 魯《ろ》の大師《たいし》に楽《がく》を語《かた》りて曰《いわ》く、楽《がく》は其《そ》れ知《し》る可《べ》き也《なり》。始《はじ》めて作《おこ》すに翕如《きゅうじょ》たり。之《こ》れを従《はな》ちて純如《じゅんじょ》たり。皦如《きょうじょ》たり。繹如《えきじょ》たり。以《もっ》て成《な》る。（八佾第三）

先生は魯《ろ》の楽団長に音楽のことを語って言われた。「音楽の構成を私はこう理解しています。最初に打楽器がさかんに鳴り響き、ついですべての楽器が自在に調和して合奏され、さらにそれぞれの楽器が順を追って明瞭に演奏され、連綿と展開されて、完結するのですね」。

孔子がすぐれた音楽的センスの持ち主であったことを、如実に示す発言である。「翕如《きゅうじょ》」は（打楽器が）いっせいに大きく鳴り響くさま、「純如《じゅんじょ》」はゆるやかに調和するさま、「皦如《きょうじょ》」ははっきりと明瞭なさま、「繹如《えきじょ》」は連綿と連なり響くさまを形容する。

楽曲の演奏は、鐘《かね》などの金属製打楽器を盛大に打ち鳴らすことに始まり、やがて笙《しょう》などの管楽器や琴《きん》や瑟《しつ》などの弦楽器等々、すべての楽器がこれに調和してゆるやかに合奏され、さらに各パートの楽器が順々にはっきりと演奏され、連綿とつづくうちに余韻ゆたかに完結する。孔子の時代における楽曲の構成や演奏の展開が追体験できるような、臨場感あふれる音楽論だといえよう。なお、この条および以下の三条は、孔子の並々ならぬ音楽への愛の深さをあらわしたものである。

子在齊聞韶。三月不知肉味。曰、不圖爲樂之至於斯也。

子《し》　斉《せい》に在《あ》りて韶《しょう》を聞《き》く。三月《さんがつ》　肉《にく》の味《あじ》を知《し》らず。曰《いわ》く、図《はか》らざりき　楽《がく》を為《な》すことの斯《ここ》に至《いた》るや。　（述而第七）

先生は斉の国で韶《しょう》の音楽を聞かれ、三か月間、肉の味さえわからなくなられた。そこで言われた。「音楽のもたらす感動が、これほどまでに深いとは思いもしなかった」。

韶《しょう》は伝説の聖天子舜《しゅん》が作ったとされる音楽。孔子は斉《せい》の国で、この韶の音楽を聞き、そのあまりの美しさ、すばらしさに魂を奪われて、三か月間、当時、最高の食物であった肉を食べても、その味さえわからなかったというもの。孔子が尋常ならざる音楽好きであったことを示す話である。孔子はよほど韶に感動したと見え、「(韶は)美《び》を尽《つ》くせり、又《ま》た善《ぜん》を尽《つ》くす也《なり》」(八佾《はちいつ》第三)とも述べている。

なお、孔子が斉で韶を聞いたのは、紀元前五一七年、三十五歳のときに、魯で内乱が起こり一時的に斉に亡命したときのことだとされる。

子食於有喪者之側、未嘗飽也。子於是日哭、則不歌。

子《し》 喪《も》有《あ》る者《もの》の側《かたわら》に食《しょく》すれば、未《いま》だ嘗《かつ》て飽《あ》かざる也《なり》。子《し》 是《こ》の日《ひ》に於《お》いて哭《こく》すれば、則《すなわ》ち歌《うた》わず。

(述而第七)

先生は服喪中の者の側で食事をされるときは、満腹するまで食べられることはなかった。また、弔問に行き、死者のために哭礼《こくれい》(声をあげて泣く礼)をされた日には、(帰宅してからも)歌をうたわれなかった。

儒家思想ではとりわけ喪礼《そうれい》(喪中の礼法)を重んじる。服喪中の者の側で控えめに食事をとることや、死者のために哭礼《こくれい》した日には歌をうたわないというのも、喪礼の一種だとされる。ただ、孔子については、次条からも読みとれるように、こうした特別な日以外は、毎日うたっていたとおぼしい。門下の弟子とともに『詩経《しきょう》』の詩をうたい、また、高らかに独唱して楽しむ孔子。いきいきした音楽のリズムやメロディーは、孔子の精神の躍動性をますます高めたに相違ない。

子與人歌而善、必使反之、而後和之。

子《し》 人《ひと》と歌《うた》いて善《よ》ければ、必《かなら》ず之《こ》れを反《かえ》さしめて、而《しか》る後《のち》に之《こ》れに和《わ》す。（述而第七）

先生は歌の会のさい、いい歌だと思われたときには、必ずもう一度うたわせたあと、自分も合唱された。

歌の好きな孔子の姿を寸描した楽しい話である。音感も抜群にすぐれていた孔子は、うたうのみならず、楽器も演奏した。こんな話がある。会いたくない人物の訪問をうけたとき、孔子は取りつぎの者を通じて、病気を口実に面会を断った。かくてその意向が相手の人物に伝わったころ、孔子は瑟《しつ》を弾きながら歌をうたいだす。こうして自分は病気ではなく、会う意思がないことを婉曲に伝えたというわけだ（陽貨第十七）。ずいぶん意地の悪いやりかたに見えるが、相手はこんな仕打ちをされても仕方がないほど、嫌な人物だったのであろう。それはさておき、この話は、孔子が日常的に弾き語りをしていたことを示している。
いずれにせよ、楽しくうたい演奏する音楽好きの孔子の姿は、堅苦しい儒者のイメージとはほど遠く、想像するだけで爽快な気分になる。

弟子たちとともに

孔子は弟子たちとゆったり語りあうことを何より好み楽しんだ。

閔子侍側、誾誾如也。子路行行如也。冉有・子貢侃侃如也。子樂。若由、不得其死然。

閔子《びんし》　側《かたわら》に侍《じ》す、誾誾如《ぎんぎんじょ》たり。子路《しろ》　行行如《こうこうじょ》たり。冉有《ぜんゆう》・子貢《しこう》　侃侃如《かんかんじょ》たり。子《し》楽《たの》しむ。由《ゆう》の若《ごと》きは、其《そ》の死《し》を得《え》ざるがごとく然《しか》り。（先進第十一）

閔子騫《びんしけん》らがそばにすわっていた。閔子騫は誾誾如《ぎんぎんじょ》（おだやかにくつろぐさま）としており、子路《しろ》は行行如《こうこうじょ》(いかつく武ばったさま)としており、冉有《ぜんゆう》と子貢《しこう》は侃侃如《かんかんじょ》(なごやかなさま)としていた。先生は楽しそうにしておられたが、ふと言われた。「由《ゆう》(子路)のような者は、天寿をまっとうできないな」。

閔子騫《びんしけん》は姓を閔、本名を損《そん》といい(子騫はあざな)、孔子より十五歳年下の弟子。「徳行《とくこう》には、顔淵《がんえん》、閔子騫《びんしけん》、冉伯牛《ぜんはくぎゅう》、仲弓《ちゅうきゅう》」と称されるように、徳性の高い人物であった。子路《しろ》、冉有《ぜんゆう》、子貢《しこう》はすでにお馴染みの高弟である。この四人の弟子がそれぞれ持ち味を発揮して、孔子のかたわらに座って話をしていたさい、よき弟子に囲まれた孔子はとても楽しげであったが、こんなときでも、肩に力の入った子路のいかついさまが気になり、ふと口走った。「由《ゆう》の若《ごと》きは、其《そ》の死《し》を得《え》ざるがごとく然《しか》り」と。この不吉な予感は不幸にも的中した。すでに、別の箇所(一三七頁)で述べたように、紀元前四八〇年、子路は衛《えい》の内乱に巻き込まれて非業の最期を遂げたのである。

次の条は『論語』においてもっとも長文であるため、四段階に分けて読んでゆく。

子路・曾皙・冉有・公西華、侍坐。子曰、以吾一日長乎爾、毋吾以也。居則曰、不吾知也。

如或知爾、則何以哉。

子路《しろ》・曾晳《そうせき》・冉有《ぜんゆう》・公西華《こうせいか》、侍坐《じざ》す。子《し》曰《いわ》く、吾《わ》れ一日爾《いちじつなんじ》に長《ちょう》ぜるを以《もっ》て、吾《わ》れを以《もっ》てする毋《な》き也《なり》。居《お》れば則《すなわ》ち曰《いわ》く、吾《わ》れを知《し》らざる也《なり》と。如《も》し或《ある》いは爾《なんじ》を知《し》らば、則《すなわ》ち何《なに》を以《もっ》てせんや。

子路《しろ》・曾晳《そうせき》・冉有《ぜんゆう》・公西華《こうせいか》が先生の側に座っていた。先生は言われた。「私はきみたちより少しだけ年上だが、だからといって私に遠慮しなくてもよい。（きみたちは）いつも世間が自分を認めてくれないとこぼしているが、もし認められたら、どんなことがしたいのかね」。

子路《しろ》・曾晳《そうせき》・冉有《ぜんゆう》・公西華《こうせいか》の四人の弟子が孔子に侍座していたときの話である。子路と冉有はすでに何度も登場しているが、「政事《せいじ》には、冉有《ぜんゆう》、季路《きろ》」と称されるように、ともにすぐれた政治能力の持ち主だった。曾晳は曾点《そうてん》あざな子晳《しせき》、曾子《そうし》（曾参《そうしん》）の父である。孔子より九歳年下の子路と同世代で、謹厳な息子とは対照的に自由奔放な人物であった。公西華は姓を公西、本名を赤《せき》、あざなを子華《しか》という。孔子より四十二歳年下の若い弟子であり、礼法に習熟していた。この四人に対して、孔子がそれぞれ世間に認められた場合、何がしたいのか、遠慮なく抱負を述べるようにと、うながすところから、この条は始まる。

子路率爾而對曰、千乘之國、攝乎大國之間、加之以師旅、因之以饑饉。由也爲之、比及三年、可使有勇、且知方也。夫子哂之。求爾何如。對曰、方六七十、如五六十。求也爲之、比及三年、可使足民。如其禮樂、以俟君子。赤爾何如。對曰、非曰能之。願學焉。宗廟之事、如會同、端章甫、願爲小相焉。

子路《しろ》　率爾《そつじ》として対《こた》えて曰《いわ》く、千乗《せんじょう》の国《くに》、大国《たいこく》の間《あいだ》に摂《はさ》まれ、之《こ》れに加《くわ》うるに師旅《しりょ》を以《もっ》てし、之《こ》れに因《かさ》ぬるに飢饉《ききん》を以《もっ》てす。由《ゆう》や之《こ》れを為《おさ》むるに、三年《さんねん》に及《およ》ぶ比《ころ》おいには、勇《ゆう》有《あ》らしめ、且《か》つ方《みち》を知《し》らしむ可《べ》き也《なり》。夫子《ふうし》之《こ》れを哂《わら》う。求《きゅう》　爾《なんじ》は何如《いかん》。対《こた》えて曰《いわ》く、方《ほう》六七十《ろくしちじゅう》、如《も》しくは五六十《ごろくじゅう》。求《きゅう》や之《こ》れを為《おさ》むるに、三年《さんねん》に及《およ》ぶ比《ころ》おいには、民《たみ》を足《た》らしむ可《べ》し。其《そ》の礼楽《れいがく》の如《ごと》きは、以《もっ》て君子《くんし》を俟《ま》たん。赤《せき》　爾《なんじ》は何如《いかん》。対《こた》えて曰《いわ》く、之《こ》れを能《よ》くすと曰《い》うに非《あら》ず。願《ねが》わくは学《まな》ばん。宗廟《そうびょう》の事《こと》、如《も》しくは会同《かいどう》に、端章甫《たんしょうほ》して、願《ねが》わくは小相《しょうしょう》と為《な》らん。

子路《しろ》があわてて答えて言った。「千台の戦車を保有する小国が、大国の間にはさまって、侵略をうけ、おまけに飢饉が起こったとします。私がこの国の政治を担当したら、三年の間に、(この国の人々を)勇敢で、正しい道がわかるようにしてみせます」。先生は哄笑され、「求《きゅう》(冉《ぜん》有《ゆう》の本名)よ、おまえはどうだ」と言われた。冉有は答えて言った。「四方六、七十里か五、六十里の土地があるとします。私がこの土地の政治を担当したら、三年の間に、この地の人々を経済的に充足させてみせましょう。礼楽など文化的なことについては、りっぱな方におまかせします」。(先生は言われた。)「赤《せき》(公西華《こうせいか》の本名)よ、おまえはどうだ」。答えて言った。「うまくできるとはいえませんが、学んでそうしてみたいと思うことがあります。宗廟《そうびょう》(君主の先祖を祭る廟で行われる行事)や会同《かいどう》(君主たちの会合)において、玄端《げんたん》(礼服)や章甫《しょうほ》(礼冠)を身につけて、小相《しょうしょう》(儀式の進行係)をつとめたいと思います」。

孔子にうながされ、まっさきにあわてて抱負を述べたのは、「人《ひと》を兼《か》ぬ(でしゃばり)」と評された子路《しろ》だった。子路が意気込んで危機に瀕した小国を救済したいと述べると、孔子は「哂《わら》」った。この「哂」については、ほがらかに大笑いしたとする説と、微笑したとする説がある。いずれにしても、ここで孔子は、いかにも果敢にして無鉄砲な子路らしい答えだと、思わず笑ってしまったのである。その脈絡からみて、ここでは快活明朗に大笑いしたと解しておきたい。

ついで冉有《ぜんゆう》に答えをうながすと、「退《しりぞ》く(引っ込み思案)」と評される彼は、子路よりはぐっと控えめに、小さな土地に的を絞り、これを経済的に充足させたいと抱負を述べる。さらに、公《こう》西華《せいか》に問いを向けると、彼は得意の礼法の知識を生かし、国家的祭祀や行事の進行係をつとめたいと、これまた控えめの答えをする。

こうして子路、冉有、公西華の三人は、孔子にうながされて、三者三様、得意分野にあわせて抱負を述べたわけだが、この三人が孔子の前で顔をそろえる場面は第三章(一三一頁)にもみえる。

點爾何如。鼓瑟希、鏗爾舍瑟而作。對曰、異乎三子者之撰。子曰、何傷乎。亦各言其志也。曰、莫春者、春服既成、冠者五六人、童子六七人、浴乎沂、風乎舞雩、詠而歸。夫子喟然歎曰、吾與點也。

点《てん》　爾《なんじ》は何如《いかん》。瑟《しつ》を鼓《ひ》くこと希《まれ》なり、鏗爾《こうじ》と瑟《しつ》を舍《お》きて作《た》つ。対《こた》えて曰《いわ》く、三子者《さんししゃ》の撰《せん》に異《こと》なり。子《し》曰《いわ》く、何《なん》ぞ傷《いた》まんや。亦《ま》た各《おの》おの其《そ》の志《こころざし》を言《い》う也《なり》。曰《いわ》く、莫春《ぼしゅん》には、春《しゅん》服《ぷく》既《すで》に成《な》り、冠者《かんじゃ》五六人《ごろくにん》、童子《どうじ》六七人《ろくしちにん》、沂《ぎ》に浴《よく》し、舞雩《ぶう》に風《ふう》し、詠《えい》じて帰《かえ》らん。夫子《ふうし》喟《き》然《ぜん》として歎《たん》じて曰《いわ》く、吾《わ》れは点《てん》に与《くみ》せん。

（先生は言われた。）「点《てん》（曾皙《そうせき》の本名）よ、おまえはどうだ」。瑟《しつ》を爪《つま》びいていた曾皙は、かたりと瑟を置いて立ち上がり、答えた。「三人の諸君の趣旨とはちがうのですが」。先生は言われた。「かまわない。それぞれ抱負を述べているのだから」。（曾皙は）言った。「晩春、春の服がすっかり仕立て上がったころ、冠をかぶった成年の従者五、六人と未成年の従者六、七人を連れて、沂水《ぎすい》で水を浴びてから、舞雩《ぶう》（雨乞いのために築かれた土壇）に登って風に吹かれ、歌をうたいながら帰ってきたいものです」。先生はフーッとためいきをついて言われた。「私は曾皙に賛成だ」。

それぞれ公的な活躍をしたいと述べた子路《しろ》、冉有《ぜんゆう》、公西華《こうせいか》とは異なり、ここで曾皙《そうせき》の述べた抱負は、ゆったりと華やいだ生の幸福感にあふれ、まことに美しい。これを聞いた孔子は、曾皙の語る暮春の情景を思い浮かべ、感嘆の吐息をもらすのである。このくだりは、『論語』のなかでも屈指の名文とされるが、内容と文章がみごとに調和し、圧巻というほかない。なお、沂水《ぎすい》は魯《ろ》の首都曲阜《きょくふ》を流れる川、舞雩《ぶう》はこの沂水が城門に接する地点にあったとされる。

三子者出。曾皙後。曾皙曰、夫三子者之言何如。子曰、亦各言其志也已矣。曰、夫子何哂由也。曰、爲國以禮、其言不讓。是故哂之。唯求則非邦也與。安見方六七十、如五六十、而非邦也者。唯赤則非邦也與。宗廟會同、非諸侯而何。赤也爲之小、孰能爲之大。

三子者《さんししゃ》出《い》づ。曾皙後《そうせきおく》る。曾皙曰《そうせきいわ》く、夫《か》の三子者《さんししゃ》の言《げん》は何如《いかん》。子曰《しいわ》く、亦《ま》た各《おの》おの其《そ》の志《こころざし》を言《い》うなり。曰《いわ》く、夫子《ふうし》何《なん》ぞ由《ゆう》を哂《わら》うや。曰《いわ》く、国《くに》を為《おさ》むるには礼《れい》を以《もっ》てす、其《そ》の言譲《げんゆず》らず。是《こ》の故《ゆえ》に之《こ》れを哂《わら》う。唯《こ》れ求《きゅう》は則《すなわ》ち邦《ほう》に非《あら》ざるか。安《いずく》んぞ方六七十《ほうろくしちじゅう》、如《も》しくは五六十《ごろくじゅう》にして、邦《ほう》に非《あら》ざる者《もの》を見《み》んや。唯《こ》れ赤《せき》は則《すなわ》ち邦《ほう》に非《あら》ざるか。宗廟会同《そうびょうかいどう》は、諸《しょ》侯《こう》に非《あら》ずして何《なん》ぞや。赤《せき》や之《こ》れが小《しょう》と為《な》る、孰《たれ》か能《よ》く之《こ》れが大《だい》と為《な》らん。

（先進第十一）

三人が退出し、曾皙《そうせき》が遅れてその場に残った。曾皙は言った。「三人の言ったことはどうでしたか」。先生は言われた。「それぞれ抱負を述べたのだから、それでいいのだよ」。曾皙はまた言った。「先生はどうして由《ゆう》（子路《しろ》）を笑われたのですか」。先生は言われた。「国を治めるには礼によらなければならない。子路の言葉には謙遜がなく（はやりすぎで）、それで笑ったのだ。求《きゅう》(冉有《ぜんゆう》)の言うことは国家の問題ではないか。四方六、七十里、もしくは五、六十里の小さな土地でも国家でないものがあろうか。赤《せき》(公西華《こうせいか》)の言うことも国家の問題ではないか。宗廟《そうびょう》や会同《かいどう》は、諸侯でなければありえないものだ。赤は「小相《しょうしょう》(進行係)」になりたいと言っているが、(彼ほどの男が「小相」になったら)いったい誰が「大相《だいしょう》(儀式の総監督)」になるのかね」。

この長い文章の結びの場面である。他の三人が退出したあと、称賛された曾皙《そうせき》が一歩おくれて一人残り、これを機に、孔子に三人の発言についての意見を求める。すると、孔子は、子路《しろ》は気負いすぎ、はやりすぎで、謙譲の美徳に欠け、冉有《ぜんゆう》と公西華《こうせいか》はともに謙遜しすぎで、大らかな抱負を述べるに至っていないと批評する。弟子の長所も短所も知りつくした孔子の鋭い洞察力と、やさしい包容力が如実にあらわれた言葉である。

総じて孔子は、風に吹かれてわが道をゆく曾皙やシンプルな暮らしを楽しんだ顔回《がんかい》のような生きかたに、つよく魅かれていたと思われる。しかし、その一方で、孔子は、人が他者との関わりのなかで生きる社会的な存在であることを痛感していた。あらまほしき社会的関係性の構築を模索しながら、自己本来の自在な生きかたを保つこと。それは、まさしく孔子の見果てぬ夢だったといえよう。

あとがき

本書は、テキストによって条の切り方や数え方にやや差があるものの、おおむね五百有余条によって成る『論語』から、百四十六条を選び、それぞれの条を「孔子の人となり」「考えかたの原点」「弟子たちとの交わり」「孔子の素顔」の四章に分類して収録するという形をとっている。「序」で述べたように、孔子自身の発言を中心に、ときに弟子たちの発言を織りまぜながら、この四つの章を通して、孔子の大いなるイメージを具体的、立体的に浮かびあがらせようとする試みである。

本書を著すに先立って、どういう形で『論語』の世界や孔子の姿を描きだしたらよいものか、いろいろ考えた。『論語』じたいの構成に沿って、「学而《がくじ》第一」から「堯曰《ぎょうえつ》第二十」まで、各篇ごとにこれぞと思う条を抜粋しながら、進めてみようかとも思った。しかし、『論語』の各篇は、それぞれ一定のコンセプトによって、組み立てられているわけではないので、全条をとりあげるのならともかく、抜粋してもなかなかまとまった形にならない。

あれこれ考えるうち、まずは『論語』全文をパソコンで打ってみようと思い立った。かくして、すべての条の原文と訓読をせっせと打ちこみ、終わりに近づいたころ、孔子の生きかた、考えかた、弟子たちとの関わりかた、孔子の素顔という四つのジャンルに分けて、『論語』の世界をとらえかえしてみようという、本書構成の基本方針が固まった。

私がはじめて『論語』を通読したのは、半世紀近くも前、中国文学を専攻したての大学三回生のときだった。テキストは吉川幸次郎先生が詳細な解説を付されている『論語』(朝日新聞社)である。『論語』は基本的な大古典であり、読んでいなければお話にならないと、なかば義務感に駆られて読みはじめたのだが、溌剌とした躍動性に富む孔子と弟子たちの対話を主軸とする『論語』世界の面白さにたちまち魅了され、以来、何度も読み返した。

こうして自己流で楽しんでいた私の『論語』体験は、今からちょうど四十年前の一九七二年、桑原武夫先生が『論語』(現在はちくま文庫)を執筆されたさい、吉川先生からお話があり、一年余りお手伝いしたことによって大きく転換した。孔子も桑原先生も本質的に明朗闊達、健やかな陽性の人であり、桑原先生が深い共感をもって描きだされる孔子像は、まことにいきいきとした存在感があり、私はいつも胸おどる高揚感を覚えた。ちなみに、このときはじめて、古注、新注、伊藤仁斎の『論語古義』、荻生徂徠の『論語徴』など、主要な注釈に入念に当たる術も知った。
以来四十年、私も桑原先生が『論語』を執筆されていたころとほぼ同じ年齢になった。時は流れる、というほかない。今こうして本書を著すことができたのも、『論語』の無類の面白さを教えてくださった吉川先生と桑原先生のおかげだと思う。あらためて感謝するばかりである。

本書においては、極めつきの名言はむろんのこと、重要だと思われる発言や私自身が好きな言葉もとりあげた。難解な言葉に対しては、孔子の弟子のはしくれに加えてもらったつもりで、「何《なん》の謂《いい》ぞや(どういう意味ですか)」と何度も問いかけながら、考えをめぐらした。それでも考えあぐねたときは、「之《こ》れを如何《いかん》、之《こ》れを如何《いかん》と曰《い》わざる者《もの》は、吾《わ》れは之《こ》れを如何《いかん》ともする末《な》きのみ(「どうしよう、どうしよう」と悩まない者を、私はどうしてやることもできない)」(一〇三頁)という言葉を思いうかべて、もうひとがんばりしてみようと、気をとりなおした。これは実に充実した時間であり楽しい経験であった。そんな楽しい雰囲気が本書に反映されていれば、ほんとうにうれしく思う。

本書の刊行にさいしては、岩波新書編集部の古川義子さんのお世話になった。これまで何度もいっしょに本を作ってきた古川さんは、私がひたすら『論語』の全文を打ちこんでいるときも、あたたかく見守ってくださり、実に的確かつ綿密に本書を編集構成してくださった。古川さん、ありがとうございました。

二〇一二年四月

井波律子

主要参考文献（日本語で読めるもの）

『論語』貝塚茂樹　『世界の名著3　孔子・孟子』中央公論社
『論語』金谷治　岩波文庫
『論語解義』簡野道明　明治書院
『論語』桑原武夫　ちくま文庫
『現代語訳　論語』宮崎市定　岩波現代文庫
『論語の新しい読み方』宮崎市定　岩波現代文庫
『論語』吉川幸次郎　中国古典選　朝日新聞社
『論語について』吉川幸次郎　講談社学術文庫
『中国の知恵』吉川幸次郎　新潮文庫

（以上、著者五十音順）

『史記』孔子世家　岩波文庫、ちくま学芸文庫
『史記』仲尼弟子列伝　岩波文庫、ちくま学芸文庫

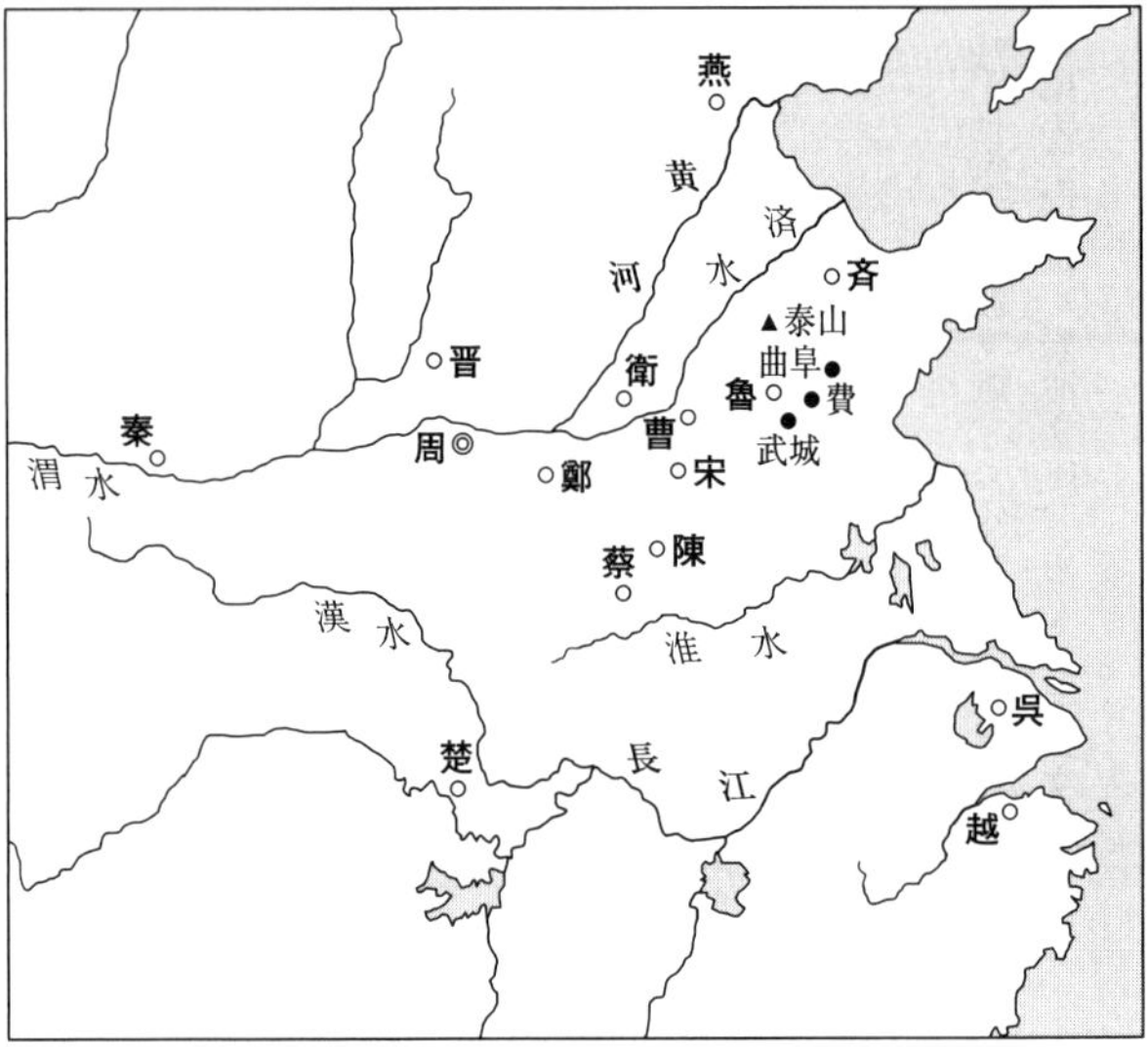

関連地図

孔子年表

年号	年齢	事　　蹟
前551	1	生まれる
544	8	＊冉伯牛が生まれる
542	10	＊子路が生まれる
536	16	＊閔子騫が生まれる
532	20	＊息子の孔鯉が生まれる
522	30	＊冉求，宰予が生まれる
521	31	＊顔回が生まれる
520	32	＊子貢が生まれる
518	34	孟懿子と南宮敬叔に礼を教える
517	35	魯を去って斉に行く
515	37	＊樊遅が生まれる
511	41	＊陳亢が生まれる
509	43	＊公西華が生まれる
507	45	＊子夏が生まれる
506	46	＊子游が生まれる
505	47	＊曾子が生まれる
503	49	＊子張が生まれる
502	50	＊公山弗擾が季孫氏に反旗を翻す
501	51	＊陽虎が斉に亡命する
		中都の宰となる
500	52	魯と斉の平和協定締結にさいして活躍する
499	53	大司寇に任ぜられる
497	55	魯を去って衛に行く
		衛から陳に行く途中，匡で災厄に遭う
493	59	衛から陳に行く
492	60	桓魋に殺されそうになる
		孫の子思(孔鯉の息子)が生まれる
489	63	陳から蔡に赴く途中，食糧が尽きる
		葉公と会う
484	68	衛から魯に戻る
483	69	＊孔鯉が亡くなる
481	71	＊顔回が亡くなる
480	72	＊子路が亡くなる
479	73	亡くなる

＊=弟子などの事蹟

主要語句索引

以下索引は，音訓にかかわりなく，筆頭漢字の読みの五十音順に従って配列し，読みが同じ場合にはその字の総画数順，ついで部首順とした．筆頭に同一漢字が来る場合は二文字目以下の読みに従った．

人名索引

井波律子
1944-2020年．1966年京都大学文学部卒業．1972年同大学院博士課程修了．金沢大学教授，国際日本文化研究センター教授などを歴任．
専攻—中国文学
著書—『三国志演義』『奇人と異才の中国史』『中国の五大小説上下』(岩波新書)
『中国文学の愉しき世界』『三国志名言集』『中国名言集　一日一言』『中国名詩集』(岩波現代文庫)
『故事成句でたどる楽しい中国史』(岩波ジュニア新書)
『一陽来復』『書物の愉しみ』(岩波書店)
『酒池肉林』『中国人の機智』『中国侠客列伝』(講談社学術文庫)ほか
訳書—『完訳論語』(岩波書店)
『三国志演義』全4巻『水滸伝』全5巻(講談社学術文庫)
『世説新語』全5巻(平凡社東洋文庫)ほか

論語入門　　岩波新書(新赤版)1366

2012年5月22日　第1刷発行
2020年6月15日　第6刷発行

著　者　井《い》波《なみ》律《りつ》子《こ》

発行者　岡本　厚

発行所　株式会社　岩波書店
〒101-8002　東京都千代田区一ツ橋2-5-5
案内03-5210-4000　営業部03-5210-4111
https://www.iwanami.co.jp/

新書編集部03-5210-4054
https://www.iwanami.co.jp/sin/

印刷・三陽社　カバー・半七印刷　製本・中永製本

ISBN 978-4-00-431366-3　Printed in Japan

岩波新書新赤版一〇〇〇点に際して

ひとつの時代が終わったと言われて久しい。だが、その先にいかなる時代を展望するのか、私たちはその輪郭すら描きえていない。二〇世紀から持ち越した課題の多くは、未だ解決の緒を見つけることのできないままであり、二一世紀が新たに招きよせた問題も少なくない。グローバル資本主義の浸透、憎悪の連鎖、暴力の応酬――世界は混沌として深い不安の只中にある。

現代社会においては変化が常態となり、速さと新しさに絶対的な価値が与えられた。消費社会の深化と情報技術の革命は、種々の境界を無くし、人々の生活やコミュニケーションの様式を根底から変容させてきた。ライフスタイルは多様化し、一面では個人の生き方をそれぞれが選びとる時代が始まっている。同時に、新たな格差が生まれ、様々な次元での亀裂や分断が深まっている。社会や歴史に対する意識が揺らぎ、普遍的な理念に対する根本的な懐疑や、現実を変えることへの無力感がひそかに根を張りつつある。そして生きることに誰もが困難を覚える時代が到来している。

しかし、日常生活のそれぞれの場で、自由と民主主義を獲得し実践することを通じて、私たち自身がそうした閉塞を乗り超え、希望の時代の幕開けを告げてゆくことは不可能ではあるまい。そのために、いま求められていること――それは、個と個の間で開かれた対話を積み重ねながら、人間らしく生きることの条件について一人ひとりが粘り強く思考することではないか。その営みの糧となるものが、教養に外ならないと私たちは考える。歴史とは何か、よく生きるとはいかなることか、世界そして人間はどこへ向かうべきなのか――こうした根源的な問いとの格闘が、文化と知の厚みを作り出し、個人と社会を支える基盤としての教養となった。まさにそのような教養への道案内こそ、岩波新書が創刊以来、追求してきたことである。

岩波新書は、日中戦争下の一九三八年一一月に赤版として創刊された。創刊の辞は、道義の精神に則らない日本の行動を憂慮し、批判的精神と良心的行動の欠如を戒めつつ、現代人の現代的教養を刊行の目的とする、と謳っている。以後、青版、黄版、新赤版と装いを改めながら、合計二五〇〇点余りを世に問うてきた。そして、いままた新赤版が一〇〇〇点を迎えたのを機に、人間の理性と良心への信頼を再確認し、それに裏打ちされた文化を培っていく決意を込めて、新しい装丁のもとに再出発したいと思う。一冊一冊から吹き出す新風が一人でも多くの読者の許に届くこと、そして希望ある時代への想像力を豊かにかき立てることを切に願う。

（二〇〇六年四月）

随筆

声優 声の職人	森川智之
作家的覚書	髙村薫
落語と歩く	田中敦
日本の一文30選	中村明
ナグネ 中国朝鮮族の友と日本	最相葉月
子どもと本	松岡享子
医学探偵の歴史事件簿 ファイル2	小長谷正明
里の時間	芥川仁 阿部直美
閉じる幸せ	残間里江子
女の一生	伊藤比呂美
仕事道楽 新版 スタジオジブリの現場	鈴木敏夫
医学探偵の歴史事件簿	小長谷正明
もっと面白い本	成毛眞
99歳一日一言	むのたけじ
土と生きる 循環農場から	小泉英政

なつかしい時間	長田弘
面白い本	成毛眞
百年の手紙	梯久美子
本へのとびら	宮崎駿
思い出袋	鶴見俊輔
活字たんけん隊	椎名誠
道楽三昧	小沢昭一 神崎宣武 聞き手
ブータンに魅せられて	今枝由郎
文章のみがき方	辰濃和男
悪あがきのすすめ	辛淑玉
水の道具誌	山口昌伴
スローライフ	筑紫哲也
怒りの方法	辛淑玉
伝言	永六輔
活字の海に寝ころんで	椎名誠
四国遍路	辰濃和男
嫁と姑	永六輔
親と子	永六輔
老人読書日記	新藤兼人

夫と妻	永六輔
商（あきんど）人	永六輔
活字博物誌	椎名誠
芸人	永六輔
現代人の作法	中野孝次
職人	永六輔
二度目の大往生	永六輔
あいまいな日本の私	大江健三郎
大往生	永六輔
文章の書き方	辰濃和男
白球礼讃 ベースボールよ永遠に	平出隆
ラグビー 荒ぶる魂	大西鉄之祐
活字のサーカス	椎名誠
新つけもの考	前田安彦
プロ野球審判の眼	島秀之助
マンボウ雑学記	北杜夫
東西書肆街考	脇村義太郎
アメリカ遊学記	都留重人
ヒマラヤ登攀史〔第二版〕	深田久弥

岩波新書／最新刊から

1828
人生の1冊の絵本
柳田邦男 著
絵本を開くと幼き日の感性が、いきものの達の物語が、木々の記憶が、祈りの静寂がそこにある。一五〇冊の絵本を紹介し、魅力を綴る。

1806
草原の制覇 大モンゴルまで
シリーズ 中国の歴史③
古松崇志 著
五胡十六国の戦乱から大元ウルスの統一まで、騎馬軍団が疾駆し、隊商が行き交う、広大なユーラシア東方を舞台に展開する興亡史。

1814
大岡信『折々のうた』選 短歌(二)
水原紫苑 編
恋のあわれを尽くす果てに、人生のうたが生まれる。逢瀬、歌合、歌会、さまざまな時と場で詠まれた恋と人生のうたを精選。

1829
教育は何を評価してきたのか
本田由紀 著
なぜ日本はこんなに息苦しいのか。能力・資質・態度という言葉に注目して戦前から現在までの教育言説を分析。変革への道筋を示す。

1815
大岡信『折々のうた』選 詩と歌謡
蜂飼耳 編
「うたげ」に合す意志と「孤心」に還る意志と。二つの意志のせめぎ合いの中から生まれる、豊饒なる詩歌の世界へと誘う。

1830
世界経済図説 第四版
宮崎勇
田谷禎三 著
見開きの本文と図で世界経済のファンダメンタルズが一目でわかる定番書。新型コロナで激変する世界経済はどうなる？

1831
5G 次世代移動通信規格の可能性
森川博之 著
その技術的特徴・潜在力は。私たちの生活や産業に何をもたらすか。米中の覇権争いの深層に何があるのか。さまざまな疑問に答える。

1832
「勤労青年」の教養文化史
福間良明 著
読書や勉学を通じて人格陶冶をめざすという若者たちの価値観は、いつ、なぜ消失したのか。格差と教養の複雑な力学を解明する。

(2020.5)